职业教育汽车类专业改革示范新教材
"双证融通"改革试点汽车运用与维修专业教材

微课版

汽车机械系统检修

主编 周军伟 秦芹芹

华东师范大学出版社
·上海·

图书在版编目（CIP）数据

汽车机械系统检修/周军伟，秦芹芹主编.—上海：华东师范大学出版社，2017
 ISBN 978-7-5675-6915-7

Ⅰ.①汽… Ⅱ.①周… ②秦… Ⅲ.①汽车—机械系统—检修—教材 Ⅳ.①U472.41

中国版本图书馆CIP数据核字（2017）第225026号

汽车机械系统检修

主　　编	周军伟　秦芹芹
项目编辑	皮瑞光
特约审读	李兴福
责任校对	冯寄湘
装帧设计	庄玉侠

出版发行	华东师范大学出版社
社　　址	上海市中山北路3663号 邮编 200062
网　　址	www.ecnupress.com.cn
电　　话	021-60821666　行政传真 021-62572105
客服电话	021-62865537　门市（邮购）电话 021-62869887
地　　址	上海市中山北路3663号华东师范大学校内先锋路口
网　　店	http://hdsdcbs.tmall.com/
印刷者	上海新华印刷有限公司
开　　本	787毫米×1092毫米　1/16
印　　张	12.5
字　　数	307千字
版　　次	2018年8月第1版
印　　次	2024年1月第3次
书　　号	ISBN 978-7-5675-6915-7
定　　价	39.80元

出版人　王　焰

（如发现本版图书有印订质量问题，请寄回本社客服中心调换或电话021-62865537联系）

序 XU

为进一步提升职业院校人才培养质量,落实立德树人根本任务,推动职业教育人才培养供给侧与需求侧的紧密对接,服务学生终身发展,上海市教育委员会教学研究室于2011年在全国率先探索以"双证融通"为标志的"双证书"制度的新型实践模式,创新整体育人理念指导下的供给侧改革思维,实现职业教育人才培养机制的重大突破。

作为首批试点单位,上海市交通学校汽车运用与维修专业开展"双证融通"专业教学改革实践已逾六年。学校联合兄弟院校在"双证融通"专业教学实施方案编制、课程体系建设、课程标准研制与课程考核实施等方面承担了一系列探索性工作。

为满足汽车运用与维修专业"双证融通"课程教学需求,上海市交通学校、上海市公用事业学校、上海市现代职业技术学校、上海市南湖职业学校的专业骨干教师依据《上海市中等职业学校"双证融通"改革试点汽车运用与维修专业教学文件》,联合开发了汽车机械系统结构与拆装、汽车使用与维护、汽车机械系统检修、汽车基础电气设备检修四门"双证融通"课程教材。此系列教材注重学生职业能力培养,将课程内容要求(包括职业资格证书的应知应会要求)都细化到知识点、技能点,既夯实、强化专业能力,又注重培养学生适应未来职业变化所需的关键能力,实现了学历证书与职业资格证书的内涵与要求深度融合。

此系列教材在国内"双证融通"专业教学改革实践中具有一定的创新性和较高的实践价值。期待此系列教材的出版能推进上海市汽车运用与维修专业教师的"教"与学生的"学",也期待同学们在汽车专业的学习中更加出彩!

上海市教育委员会教学研究室

前言
QIANYAN

党的二十大报告指出"加快建设制造强国、质量强国、航天强国、交通强国、网络强国、数字中国"。

本书是中等职业学校汽车运用与维修专业的双证融通教材,是一门重要的专业核心课程。学生通过本课程学习能获得汽车发动机机械系统和底盘检修的基本知识、检修方法,掌握对发动机机械系统和底盘检修的基本技能,为学生进入汽车维修工岗位奠定基础。

本教材以培养职业技能人才为导向,按照汽车维修职业岗位(群)的能力要求,培养学生就业、创业和适应岗位变化的能力,并具有可持续发展和再学习的能力。通过本课程的学习,学生能获取国家相应的职业技能鉴定证书和企业相应的岗位证书。

教材内容包括发动机系统:曲柄连杆机构检修、配气机构检修、冷却系统检修、润滑系统检修4个项目,共8个教学活动;底盘系统:传动系统检修、转向系统检修、行驶系统检修、制动系统检修4个项目,共11个教学活动。

教学采用理实一体化教学模式,包括运用多媒体技术(PPT)讲述相关的检修基础知识、播放多媒体视频演示实操步骤与技能、运用仿真软件帮助学生理顺操作思路和实车操作技能训练4个教学环节,让学生具备汽车维修工(四级)的基本职业能力和相关知识。实操技能教学和训练约占教学总课时的50%~70%。

本书共144课时,建议课时分配如下

项　　目	理论课时	实操（模操）课时	项目课时
项目一　曲柄连杆机构检修	6	30	36
项目二　配气机构检修	6	18	24
项目三　冷却系统检修	3	3	6
项目四　润滑系统检修	3	3	6
项目五　传动系统检修	6	12	18
项目六　行驶系统检修	4	8	12
项目七　转向系统检修	4	4	8
项目八　制动系统检修	6	12	18
机动	4	12	16
合计	46	98	144

参加本书编写的有上海市现代职业技术学校周军伟（项目一、八）；南湖职校二分校蒋勇（项目五）；上海市现代职业技术学校余炜（项目二）；上海市公用事业学校沈云鹤（项目六）；上海市交通学校曾银丰（项目七）；上海市现代职业技术学校秦芹芹（项目三）；上海市现代职业技术学校吴越人（项目四）。并得到上海交通职业学院副教授吕坚，上海强生北美汽车销售服务有限公司技术部经理冷永森维修技术方面的支持和帮助！

由于缺乏经验，本书的编写肯定存在许多不足，恳请广大从事汽车教学的有识之士给予帮助指正。

编　者
2018年3月

目 录

项目一 曲柄连杆机构检修 1
  模块一　气缸体和气缸盖检修 2
    任务　气缸体和气缸盖检修 3
  模块二　活塞连杆组检修 12
    任务1　活塞检修 13
    任务2　连杆组件检修 18
  模块三　曲轴飞轮组检修 22
    任务1　曲轴检修 22
    任务2　轴承、飞轮等零部件检修 29

项目二 配气机构检修 33
  模块一　气门组检修 34
    任务　气门组件检修 34
  模块二　气门传动组件检修 46
    任务　气门传动组件检修 46

项目三 冷却系统检修 53
  模块一　电子风扇与散热器检修 54
    任务1　电子风扇检修 54
    任务2　散热器检修 58
  模块二　水泵与节温器检修 62
    任务1　水泵检修 63
    任务2　节温器检修 67

项目四 润滑系统检修 71
  模块　润滑系统机件检修 72
    任务1　机油泵检修 72
    任务2　润滑系统其他零件检修 78

项目五　传动系统检修 ··· 83

模块一　离合器检修 ··· 85
任务1　离合器总成检修 ····································· 85
任务2　离合器操纵机构的检修 ······························· 90

模块二　变速器检修 ··· 94
任务1　变速器壳体与齿轮传动组检修 ························· 95
任务2　变速器操纵机构检修 ································· 102

模块三　主减速器和差速器的检修 ····························· 107
任务1　主减速器和差速器壳体的检修 ························· 108
任务2　主减速器和差速器齿轮和齿轮轴的检修 ················· 111

项目六　行驶系统检修 ··· 117

模块一　车轮定位参数调整 ··································· 118
任务　车轮定位参数调整 ····································· 118

模块二　车轮和轮胎检修 ····································· 127
任务　车轮和轮胎检修 ······································· 127

模块三　悬架系统检修 ······································· 138
任务　悬架系统检修 ··· 138

项目七　转向系统检修 ··· 145

模块一　动力转向器检修 ····································· 148
任务　动力转向器检修 ······································· 148

模块二　动力转向泵检修 ····································· 158
任务　动力转向泵检修 ······································· 159

项目八　制动系统检修 ··· 165

模块一　盘式制动器检修 ····································· 166
任务　盘式制动器检修 ······································· 167

模块二　鼓式制动器检修 ····································· 176
任务　鼓式制动器检修 ······································· 177

模块三　驻车制动器检修 ····································· 183
任务　驻车制动器检修 ······································· 184

项目一　曲柄连杆机构检修

项目导学

曲柄连杆机构是往复活塞式发动机将热能转换为旋转运动机械能的主要机构,它是发动机的主要组成部件。

本项目主要通过分析曲柄连杆机构的损伤形式和成因,对气缸盖与气缸体、活塞连杆组件以及曲轴飞轮组件等进行检测并提出修复方法。

本项目的主要任务如图1-0-1所示:

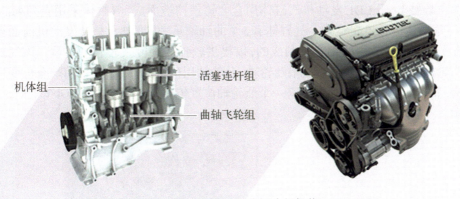

▲图1-0-1　曲柄连杆机构

模块一　气缸体和气缸盖检修

学习目标

- 知道气缸体和气缸盖检测要点。
- 掌握气缸体和气缸盖的损伤的成因、损伤规律及检修方法。
- 能正确使用量具,按规范检测气缸体和气缸盖的平面度误差。
- 能正确使用量具,按规范检测气缸的圆度和圆柱度误差。
- 会查阅气缸体和气缸盖的检修资料,能分析检测结果,制定修复方案。

学习导入

雪佛兰科鲁兹1.6升LDE发动机气缸体用合金铸铁铸造而成,气缸体采用直列4缸、水冷、无缸套、龙门式空心机架结构。气缸体有5个曲轴轴承,止推轴承是从发动机前面算起的第3个轴承。气缸盖是用铸铝合金制成的,以提供较强的硬度及较轻的重量。该气缸盖为顶置双凸轮轴(DOHC)式并具有2根凸轮轴,凸轮轴用挺柱驱动,凸轮轴前端有可变进排气执行机构,靠机油压力驱动,后端各有一个凸轮轴位置传感器。每个气缸有4个气门,如图1-1-0所示。

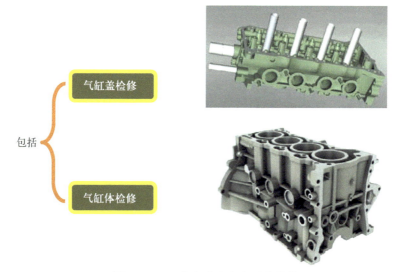

▲图1-1-0　气缸体和气缸盖的检修

发动机的气缸体承受交变的机械负荷和较复杂的热负荷等,会引起气缸体上平面的形位误差逾限,使发动机装配质量变差,气缸体出现变形。发动机气缸磨损达到一定程度时,发动机的功率下降,燃料、润滑油消耗量明显增加,发动机排放性能变差。

任务 气缸体和气缸盖检修

任务描述

一辆1.6升雪佛兰科鲁兹轿车进厂修理,客户反映该车高速行驶过程中机油灯点亮,然后发动机运转不稳,且发动机内部有异响。经维修技师检查,发动机机油已经没有了,加好机油起动后发动机严重抖动且发动机下部有异响,加速时异响加重。根据故障现象判断可能是发动机内部机械问题,需对机体组进行检修。作为一位维修技师是如何依据维修手册对发动机气缸体与气缸盖进行检修的?

请你分析气缸体和气缸盖的损伤的成因、损伤规律,并参考科鲁兹1.6升LDE发动机维修资料,正确使用专用工具和通用工具对发动机气缸体与气缸盖进行检修,并最终对客户车辆分析检测结果,制定修复方案。

任务准备

一、知识准备

1. 气缸体与气缸盖常见损伤形式及成因

气缸体与气缸盖主要损伤形式有裂纹、腐蚀、磨损和变形,如图1-1-1所示,气缸磨损是最常见的损伤形式。

1)裂纹和腐蚀

原因:曲轴在高速转动时产生振动,会使气缸体的薄弱部位发生裂纹;发动机处于高温状态时突然加入大量冷水,或因水垢积聚过多而散热不良,使水道壁产生裂纹;加入了劣质汽油,发动机在工作时产生爆震造成缸体裂纹;在冬天及寒冷地区未加注防冻液,致使水道冻裂;镶有气缸套的气缸体在镶换缸套时,过盈量选择过大或压装工艺不当造成气缸体局部裂纹;装配气缸螺栓时拧紧力矩过大或孔内有异物,或镶螺纹套时过盈量选择过大等产生的螺纹孔裂损;气缸体与气缸盖的腐蚀大多数是因为使用了劣质防冻液。

危害:气缸体与气缸盖的裂纹将造成漏水、漏油和漏气,影响了发动机冷却和润滑系统工作,甚至使气缸密封性变差。

2)变形

(1)气缸体变形。

原因:气缸体为铸铁材质,正常使用情况下不容易变形,在维修或拆装时一定要按照标准工艺施工。拆装螺栓时扭矩过大或不均,或不按顺序拧紧以及在高温下拆卸气缸盖等,会引起气缸体与气缸盖的结合平面翘曲变形;装配时螺栓拧紧扭矩过大,或装配时螺纹孔中未清理干净,引起气缸体上下平面在螺纹孔口周围凸起;气缸体在制造时,由于时效处理不足而造成零件内应力很大且不均衡,或在长期使用中形成的内应力也可引起气缸体变形。

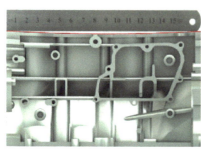
气缸体翘曲

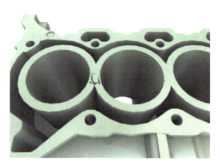
气缸体裂纹

气缸盖烧蚀

气缸盖裂纹

▲图1-1-1 气缸体与气缸盖常见损伤形式

危害：气缸体的变形破坏了零件的正确几何形状，影响发动机的装配质量和工作能力。如：气缸体与气缸盖结合面的平面度误差逾限，将造成气缸密封不严，产生漏气、漏水，甚至燃气冲坏气缸垫，从而严重影响发动机的正常工作。

（2）气缸盖变形。

原因：大多由于水温过高引起，也有维修过程中不按工艺施工造成。拆装螺栓时力矩过大或不均，或不按顺序拧紧以及在高温下拆卸气缸盖、发动机过热等。

危害：气缸盖在使用过程中发生变形是普遍存在的，气缸盖的变形破坏了零件的正确几何形状，影响发动机的装配质量和工作能力。

（3）气缸磨损。

气缸的磨损主要有轴向磨损和径向磨损两种，如图1-1-2所示。

① 气缸磨损的特点。气缸磨损的最大部位是活塞在上止点位置时第一道活塞环相对应的气缸壁，而活塞环接触不到的上口几乎没有磨损而形成了明显的"缸肩"。气缸沿圆周方向的磨损也是不均匀的，形成不规则的椭圆形。其最大磨损部位往往随气缸结构、使用条件不同而异，一般左右方向磨损最大，如图1-1-3所示。

② 气缸磨损原因有以下几点。

a. 由于活塞环换向，运动速度几乎为零，环的布油能力最差，油膜不易建立，此时活塞环的背压最大，使其接触面间的油膜形成更困难，因此，气缸壁形成了上大下小的机械磨损。

b. 可燃混合气燃烧产生的酸性物质对气缸壁起腐蚀作用，当发动机使用高硫燃料油和发动机长期低温运行，以及在低温状态下频繁起动，这种腐蚀磨损更为严重。

c. 进气中的灰尘在此处缸壁上附着量较多，加剧了此处的机械磨损。

d. 燃烧产生的高温、高压，使活塞承受的侧向力加大且冷却不够，气缸与活塞可能由于干

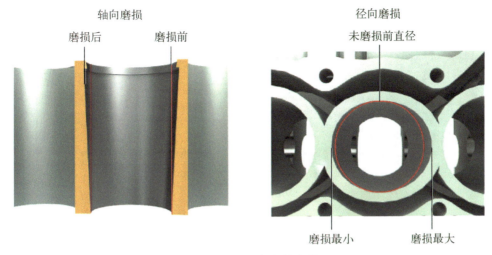

▲图1-1-2 气缸的磨损

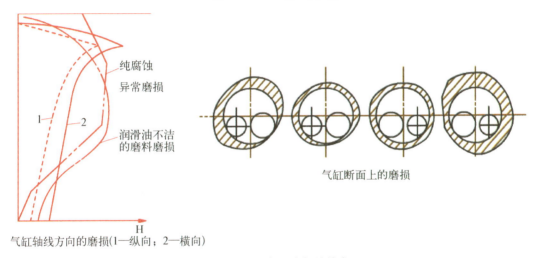

▲图1-1-3 气缸磨损的特点

摩擦使两者熔融黏着或剥落,造成黏着磨损。

③ 气缸磨损危害。气缸的磨损程度是衡量发动机是否需要大修的重要依据之一,因为气缸磨损直接造成燃气压力下降,使发动机的动力性和经济性变差。

2. 气缸体与气缸盖检修方法

1)裂纹的检修

气缸体裂纹检查与气缸盖裂纹检查方法相同,一般采用水压试验法和目测。气缸体与气缸盖裂纹的修复方法主要有黏结法、焊修法和堵漏法等。应根据裂纹的部位和大小程度,选用其中最合适的一种方法修复裂纹。但是一般在受力较大或热膨胀量较大的部位不作修复,而应更换。

2)变形的检修

如图1-1-4所示,气缸体上平面和下平面发生变形可将刀口尺放在平面上,然后用厚薄规测量刀口尺与平面间的间隙,即为平面度误差(平面翘曲变形的程度)。检测时,应分别沿着气缸体和气缸盖平面的长度、宽度和对角线方向进行;并且在螺孔、水道口、油道口及气缸之间

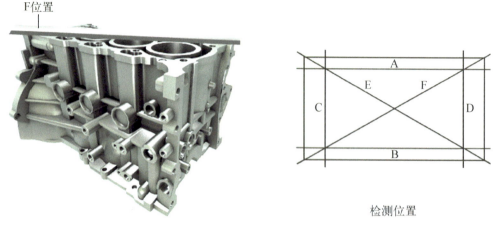

▲图1-1-4 气缸体变形检测

的间隔处,也应检测其平整程度。对气缸体和气缸盖平面度检验要求是:每50 mm×50 mm范围内不大于维修手册所规定的限度。

3) 气缸磨损的检修

首先用观察的方法检查气缸表面有无明显的刮伤和裂纹;然后用量缸表(内径量表)进行测量,以确定气缸磨损后的圆度和圆柱度误差,对照技术标准,确定发动机是否需要进行大修,以及确定修理级别。

圆度误差是指同一横截面上磨损的不均匀性。其数值为同一横截面上不同方向测得的最大与最小直径差值的一半。

圆柱度误差是指沿气缸轴线的轴向截面上磨损的不均匀性。其数值为被测气缸轴向截面上任意方向所测得的最大与最小直径差值的一半。

(1) 气缸的修复方法。气缸磨损,其圆度或圆柱度误差超过公差限度时,对磨损的气缸应进行机械加工,使其通过尺寸的改变,恢复气缸正确的几何形状和配合性质,这种方法称为修理尺寸法。扩大后的尺寸为修理尺寸。当气缸磨损超过允许的限度时,应选择确定气缸的修理尺寸,并选配与气缸修理尺寸相对应的活塞和活塞环。

(2) 气缸修理尺寸的确定。气缸的修理尺寸应按修理级别选择。修理级别一般分为4～6级(小型发动机一般为4级,大型发动机为6级),气缸直径每加大0.25 mm为一级,最大不超过1.00 mm或1.50 mm。由于气缸可能产生偏磨损,因而采用定位镗缸时,每次修理的修理级差通常都要超过0.25 mm,故常用+0.50 mm、+1.00 mm、+1.50 mm三级修理尺寸,其余则为辅助级。

$$气缸的修理尺寸 = 气缸最大直径 + 加工余量$$

加工余量一般取0.10～0.20 mm,在保证加工精度和粗糙度的前提下尽可能小些。

计算出的修理尺寸应与修理级别相对照。如与修理级别不相符,应圆整到下一个修理级别。同一台发动机的各气缸应采用同一级修理尺寸。

【例】某丰田发动机,标准直径80.50 mm,测得其中最大磨损气缸的最大直径为80.58 mm,镗磨余量取0.15 mm。则:气缸的修理尺寸=气缸最大直径+镗磨余量=80.58+0.15=80.73 mm。所以应圆整到修理级别的尺寸为80.75 mm。

二、器材准备

名 称	图 片	用 途	名 称	图 片	用 途
维修手册		资料查询	50～100 mm 内径百分表或EN-8087量表		
刀口尺		气缸盖平面度测量	75～100 mm 外径千分尺		气缸直径测量
厚薄规			外径千分尺支架		
钢皮直尺		气缸直径测量			

任务实施

(1) 清除衬垫配合面上的密封材料。

(2) 在清洗槽中,用适合于铝的溶剂清洁发动机缸体和下部曲轴箱。

(3) 用干净的水或蒸气冲洗发动机气缸体(见图1-1-5)。

(4) 清洁油道。

(5) 清洁盲孔。

(6) 给气缸和机加工表面喷上发动机机油(见图1-1-6)。

(7) 检查螺纹孔。用螺旋状刷清洁螺纹孔(见图1-1-7)。

(8) 检查发动机气缸体与气缸盖密封面的长度和宽度方向上是否有凹陷(见图1-1-8)。

(9) 沿对角线检查发动机气缸体与气缸盖是否变形(见图1-1-9)。

如果顶面超出规格,则更换气缸体。切勿加工气缸体。

▲图1-1-5 冲洗后的气缸体

▲图1-1-6 在气缸和机加工表面喷机油

▲图1-1-7 清洁螺纹孔

▲图1-1-8 检查气缸盖横向平面度

▲图1-1-9 检查气缸盖斜向平面度

小贴士

气缸盖和气缸体平面	标　　准
横　向	0.03 mm
纵　向	0.05 mm
斜　向	0.05 mm

（10）清除衬垫配合面上的密封材料（见图1-1-10）。

（11）检查曲轴主轴承孔。使用EN-8087量表测量轴承孔同心度和定位（见图1-1-11）。如果曲轴轴承孔超出规格，则更换发动机气缸体和底板。

（13）使用内径百分表检查缸径（见图1-1-12）。检查是否存在以下情况：
磨损、变锥形、跳动量、起棱。

（14）查看气缸径的规格。参见"发动机机械规格（1.6升LDE）"，此处见小贴士。

▲图1-1-10 清除衬垫配合面密封材料

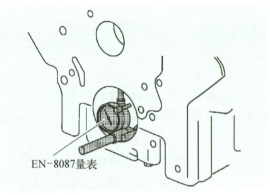

▲图1-1-11 曲轴主轴承孔同心度测量

▲图1-1-12 测量气缸体直径

小贴士

气缸直径测量	气缸直径允许范围	气缸直径标准值
9 mm处,纵向\\横向	78.995～79.005 mm	79 mm
97 mm处,纵向\\横向		

（15）如果缸径超出规格,则更换发动机气缸体。

（16）填写检测与修复工单。格式如下：

姓名	班级	学号	小组
车型	发动机型号	工单号	日期

检测项目	判断结果	
气缸体和气缸盖裂纹	合格（　）	不合格（　）
气缸体和气缸盖腐蚀	合格（　）	不合格（　）
气缸盖平面度误差	合格（　）	不合格（　）
气缸体平面度误差	合格（　）	不合格（　）
气缸的圆度	合格（　）	不合格（　）
气缸的圆柱度	合格（　）	不合格（　）

处理情况

制定修复工艺

拓展学习

一、气缸体裂纹的检修

气缸体裂纹检查采用水压试验法（见图1-1-13）。用盖板封住气缸体水道口，用水压机将水压入缸体水道中，要求在0.3～0.4 MPa的压力下，保持约5 min，应没有任何渗漏现象。

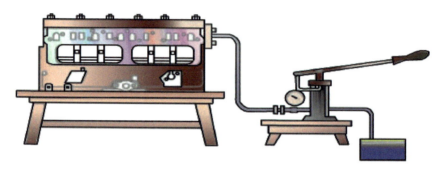

▲图1-1-13　水压测试法

气缸体裂纹的修理方法有黏结法、焊接法等几种。应根据裂纹大小、部位、损伤程度，及技术能力等，灵活适当地选择。

二、气缸的镶套修复

气缸体上可镶换新气缸套，然后加工至原气缸技术要求。

1. 干式气缸套的镶配工艺

（1）选择缸套。气缸套外径的修理尺寸一般分为四级。第一次镶套应选用标准尺寸的气缸套。除去镶有旧缸套后，应选用大一级修理尺寸的气缸套。

（2）镗削缸孔。根据气缸套的外径尺寸，将气缸镗至所需用的尺寸，按照基轴制配合留有过盈量。

（3）压入缸套。将气缸套外壁涂以机油，放正气缸套，用压床以20～50 kN的力缓慢压入。为防止气缸体的变形，应采用隔缸压入法。气缸套压入后，应与气缸体上平面齐平。

镶换气缸套后的气缸体应进行水压试验。

2. 湿式气缸套的镶配工艺

（1）拆除旧套。轻敲气缸套底部，拆去旧套，并清除气缸体承孔结合面上的沉积物。

（2）镶配新套。将镗磨好的气缸套，在装水封圈的部位涂以密封胶，装好水封圈并压紧在气缸体承孔内。

练习与检测

一、判断题

（1）气缸体损伤形式有平面变形，缸体裂纹，气缸磨损，螺纹孔拉伸和水道边缘处的腐蚀。

（　　）

(2) 气缸的修理尺寸=气缸最大直径+加工余量。　　　　　　　　　　　（　　）
(3) 发动机缸体上平面横向范围内，平面度误差应不大于0.20 mm。　　（　　）
(4) 气缸的磨损程度是衡量发动机是否需要大修的重要依据之一。　　　（　　）

二、单选题

(1) 发动机气缸修理尺寸的级差为（　　　）。
　　A. 0.01 mm　　　　B. 0.05 mm　　　　C. 0.10 mm　　　　D. 0.25 mm
(2) 在保证磨缸质量的前提下，磨削余量（　　　）。
　　A. 越大越好　　　B. 越小越好　　　C. 标准　　　D. 视情而定
(3) 气缸圆度误差的数值是被测表面同一截面内（　　　）。
　　A. 最大与最小直径之差　　　　　　B. 最大与最小直径之差的二分之一
　　C. 最大与最小直径之和　　　　　　D. 最大与最小直径之和的二分之一
(4) 检验气缸体或气缸盖变形可用直尺放在平面上，用（　　　）测量直尺与平面间的间隙。
　　A. 高度尺　　　B. 游标卡尺　　　C. 千分尺　　　D. 厚薄规
(5) 气缸盖下平面全长平面度误差不大于（　　　）mm。
　　A. 0.10　　　B. 0.15　　　C. 0.20　　　D. 0.25

三、思考题

有一辆卡罗拉轿车的1ZR-FE发动机，试通过查阅该车维修资料，运用已学习和实践的知识和技能，设计并制订气缸体和气缸盖的检修工艺步骤。

模块二　活塞连杆组检修

学习目标

- 知道活塞及连杆组件的检测及选配要点。
- 掌握活塞及连杆组件的损伤成因及检修方法。
- 能正确使用工、量具,按规范检测与选配活塞环。
- 能正确使用工、量具,按规范检测与选配连杆和轴承盖。
- 会查阅活塞连杆组件检修资料,能分析检测结果,制定修复方案。

学习导入

活塞连杆组件由活塞、活塞环、活塞销、连杆和轴承等主要机件组成。

活塞是带第一道环槽和浮动销的铝制活塞。

活塞销采用全浮式结构。活塞销长度远小于活塞直径,因此活塞销对销座孔表面有很大的接触压力,必须用选配法来保持接触面积。在活塞销座孔也留有 4 mm 宽、0.03 mm 深度的储油槽,以改善活塞销与销座孔之间的润滑。

活塞环第一道气环是矩形,第二道气环是锥形,第三道油环为整体式。环是薄形的,第一道1.5 mm,第二道1.75 mm。采用薄形环,可改善气缸密封性能。气环外圆面均有 0.10 mm 镀铬层,两端面都进行磷化处理。这种环自身及对气缸壁的摩擦损耗都较小,不应过早更换。

连杆是带衬套的锻钢连杆,采用中碳钢锻造而成。连杆衬套是用钢背的镀铜铅锌合金复合材料卷制的。连杆轴承采用钢背铜基滑动轴承,钢背上镀有三层合金,底层是铅锡铜,第二层为薄锡层,表层为巴氏合金,维修中不得修刮。

连杆螺栓为塑性螺栓,在按规定扭

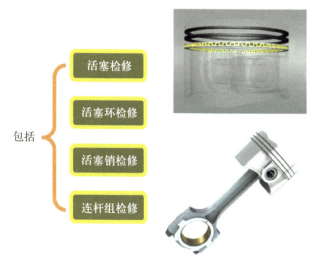

包括：
- 活塞检修
- 活塞环检修
- 活塞销检修
- 连杆组检修

▲图1-2-0　活塞连杆组检修

矩拧紧连杆螺栓时,连杆螺栓在塑性形变范围内被拉长,螺栓与螺母间有较大、稳定的摩擦力而紧固可靠,因此无需再有锁止装置。但是在发动机修理中,连杆螺栓和螺母一经拆卸,就必须更换。

活塞连杆的工作条件差,摩擦损失大,磨损严重,发动机工作一定时间后,就要对活塞环等零部件进行更换。

本任务主要是对活塞等零部件进行检修,如图1-2-0所示。

任务1 活塞检修

任务描述

一辆1.6升雪佛兰科鲁兹轿车进厂修理,客户反映该车发动机运转不稳,经维修业务接待员检查,可能是发动机的活塞环和连杆出现了问题,需对活塞连杆组进行检修,作为一位维修技师是如何运用维修手册对发动机活塞连杆组进行检修的?

请你参考科鲁兹1.6升LDE发动机维修资料,使用专用工具和通用工具对发动机活塞连杆组进行检修,并对客户提出车辆使用注意事项和建议。

通过活塞连杆组的检修作业,你应掌握并能分析检测结果,制定修复方案。

任务准备

一、知识准备

活塞连杆组件常见损伤形式及成因:

1. 活塞的常见损伤

活塞损伤形式有活塞环槽磨损、裙部磨损及销座孔磨损。

活塞环槽的磨损较大,以第一道环槽的磨损最为严重,各环槽由上而下逐渐减轻。

活塞裙部虽与气缸壁直接接触,但接触面积较大,润滑条件较好,所以磨损也较轻。

活塞销座孔的磨损是活塞在工作时受气体压力和往复惯性力的作用,使活塞销座孔产生上下方向的椭圆形磨损。

活塞异常损坏有活塞裙部刮伤和顶部烧蚀等。刮伤主要是活塞与气缸壁配合间隙过小;顶部烧蚀是爆燃下工作的结果。

2. 活塞环的常见损伤

活塞环损伤形式主要是活塞环磨损、弹性减弱和折断等。

活塞环的磨损主要是活塞环受高温高压燃气的作用,活塞环往复运动的冲击和润滑不良所致。

使用中受高温燃气影响,活塞环的弹性逐渐减弱,造成活塞环对于气缸壁的压力降低,气缸密封性变差,出现漏气和窜机油现象,使发动机的动力性下降,经济性变坏。由于活塞环安装不当或端隙过小,发动机在高温、大负荷条件下工作时,端隙抵死而卡滞在气缸内,在活塞冲击负荷作用下而断裂。

在维护中更换活塞环时,应将缸壁上磨出的缸肩刮去,避免撞断第一道活塞环。

3. 活塞销的常见损伤

发动机工作时,活塞销要承受燃气的压力和活塞连杆组件惯性力的作用,其负荷的大小和方向是周期性变化的,对活塞销产生较大的冲击作用。活塞销与活塞销座孔和连杆衬套的配合精度很高,在发动机正常工作(达到工作温度)时,全浮式活塞销与活塞销座和连杆衬套存在微小的间隙。

因此,活塞销可以在销座孔和连杆衬套内自由转动,使得活塞销的径向磨损比较均匀,磨损速率也较低。

由于活塞销在发动机工作时,承受较大的冲击载荷,当活塞销与活塞销座和连杆衬套的配合间隙过大时,就会因配合的松旷而发生异响。

二、器材准备

名 称	图 片	用 途	名 称	图 片	用 途
维修手册		资料查询	25～50 mm 外径千分尺		活塞直径测量
厚薄规		活塞侧隙、端隙测量	内径千分尺		连杆衬套内径测量

任务实施

一、活塞的检修

(1) 用压缩空气吹净活塞裙部。
(2) 根据气缸修理尺寸,选用同一修理级别和同一分组尺寸的活塞。
(3) 清洁校对游标卡尺。
(4) 调整游标卡尺到 12.6 mm 锁止,同时在活塞裙部相应位置做好记号,如图 1-2-1 所示。
(5) 清洁校对外径千分尺。
(6) 在距离活塞底部 12.6 mm,与活塞销孔成 90°位置处,用外径千分尺测量活塞裙部尺寸,最大允许偏差值为 0.015 mm,如图 1-2-2 所示。
(7) 活塞积炭的清除

用清洁活塞环槽的工具或断裂的活塞环清除活塞环槽内的积炭。

注意:不能用钢丝刷或刮刀、螺钉旋具等工具硬撬。

▲图1-2-1 在活塞裙部规定位置做记号　　　　▲图1-2-2 测量活塞裙部直径

> **小贴士**
>
> 关于活塞测量,有一个更简便的方法:观察活塞裙,裙边与缸体摩擦接触部位有黑色特殊涂层,此涂层如果磨掉就必须更换。

二、活塞环的检测

(1) 根据气缸修理尺寸,选用同一修理级别的活塞环。
(2) 用记号笔在活塞顶部做好测量位置的记号(每个测量点错开120°)。
(3) 清洁活塞环槽,清洁厚薄规,使用厚薄规检测各环在环槽中的侧隙,若不符合规定就应更换活塞环。
(4) 用清洁布清洁气缸壁,并用压缩空气吹净。
(5) 用清洁布清洁厚薄规。
(6) 将第一道压缩环放入相对应的气缸内。
(7) 用未装活塞环的活塞从气缸体顶部将活塞环推至气缸内(见图1-2-3),行程不超过9 mm。
(8) 用厚薄规测量活塞环的端隙(见图1-2-4)。若端隙大于最大值,则更换活塞环。如果新的活塞环仍大于最大值,则应按修理尺寸法或镶套法修复气缸体。

> **小贴士**
>
> | 测量内容(侧隙) | 标 准 值 | 极 限 值 |
> | --- | --- | --- |
> | 矩形压缩环 | 0.04～0.08 mm | 0.08 mm |
> | 锥形压缩环 | 0.03～0.07 mm | 0.07 mm |
> | 刮油环 | 0.03～0.13 mm | 0.13 mm |

▲图1-2-3　安装活塞环

▲图1-2-4　测量活塞环端隙

小贴士

测量内容（端隙）	标 准 值	极 限 值
矩形压缩环	0.20～0.40 mm	0.40 mm
锥形压缩环	0.40～0.60 mm	0.60 mm
刮油环	0.25～0.75 mm	0.75 mm

注意：用经验法来判断活塞环的背隙。将环置入环槽内，环应低于环岸，且能在槽中滑动自如，无明显松旷感觉即可。

三、活塞销的检测

（1）一手握住活塞，一手握住连杆，用手轻轻将连杆在竖直方向上下拉动，如有空旷现象，如大于 0.03 mm 则要更换活塞销和衬套。

（2）用千分尺测量活塞销圆度和圆柱度应不大于 0.002 5 mm（见图1-2-5）。

（3）用内径千分尺测量连杆衬套的内径，比较内径和活塞销的直径，其配合应满足出厂技术要求。

▲图1-2-5　检测活塞销

四、根据测量结果,完成工单

姓　　名		班　　级		学　　号		小　　组	
车　　型		发动机型号		工单号		日　　期	
检　测　项　目				判　断　结　果			
活塞直径				合格（　　）		不合格（　　）	
矩形压缩环侧隙				合格（　　）		不合格（　　）	
锥形压缩环侧隙				合格（　　）		不合格（　　）	
刮油环侧隙				合格（　　）		不合格（　　）	
矩形压缩环端隙				合格（　　）		不合格（　　）	
锥形压缩环端隙				合格（　　）		不合格（　　）	
刮油环端隙				合格（　　）		不合格（　　）	
活塞销配合				合格（　　）		不合格（　　）	
处理情况							
制定修复工艺							

拓展学习

活塞与气缸间隙的检查：

活塞与气缸的配合间隙小于+0.14 mm时，一般要采用试配检验，操作方法如下：将活塞和气缸擦净，把一定规格（长200 mm×宽13 mm×厚0.05 mm）的厚薄规预先置放在气缸内受侧压力较大的一侧，倒置活塞（前后方向不变），使活塞裙部大直径方向对准厚薄规，将活塞推入气缸内至下缘与气缸上平面齐平。然后左手握住活塞，右手用弹簧秤拉出厚薄规，其拉力应符合规定，各缸之间的拉力差应不超过9.8 N。

练习与检测

一、判断题

（1）全浮式活塞销无论在装配还是发动机工作时，活塞销均能在活塞销孔中转动。
（　　）
（2）活塞与气缸壁间隙过大易出现"拉缸"。（　　）
（3）三道环的活塞，要求每道环端口间隔180°。（　　）
（4）活塞修理尺寸的加大数值一般是刻在活塞裙部的。（　　）

二、单选题

(1) 活塞环端口错开布置的作用是（　　）。
　　A. 便于安装　　　　B. 有利于润滑　　　　C. 减少漏气量　　　　D. 提高环寿命
(2) 塑性连杆螺栓可以（　　）。
　　A. 多次使用　　　　B. 使用三次　　　　C. 使用二次　　　　D. 使用一次
(3) 活塞修理尺寸应标记在（　　）。
　　A. 活塞裙部　　　　B. 活塞底部　　　　C. 活塞顶部　　　　D. 连杆上

三、思考题

有一辆卡罗拉轿车1ZR-FE发动机，试通过查阅该车维修资料，运用已学习和实践的知识和技能，设计并制订活塞的检修工艺步骤。

任务2　连杆组件检修

任务描述

活塞连杆的工作条件差、摩擦损失大、磨损严重，发动机工作一定时间后，就要对活塞环等零部件进行更换，本任务主要对连杆组等零部件进行检修。

任务准备

一、知识准备

连杆组件常见损伤形式有：连杆的变形、连杆轴承和小端衬套的磨损、连杆螺栓损伤等。

发动机工作中，由于交变载荷作用、超负荷等原因，连杆杆身将会发生弯曲和扭曲等变形。连杆弯曲是指连杆小端轴线与连杆大端轴线在轴线平面内的平行度误差；连杆的扭曲是指连杆小端轴线与连杆大端轴线在轴线平面法向上的平面度误差。连杆变形后，对曲柄连杆机构的工作产生很大影响。因此在发动机修理过程中应对连杆的弯、扭变形进行检验和校正。连杆轴承损伤形式是磨损、合金疲劳剥落及黏着咬死等。连杆螺栓与螺母在工作中会发生拉长变形、螺纹损坏等。连杆弯曲或扭曲，会使活塞在气缸内歪斜，造成活塞和气缸及曲轴连杆轴发生偏磨，使气缸发生敲缸异响或漏气、窜油的现象。

二、器材准备

名　称	图　片	用　途	名　称	图　片	用　途
连杆检验器		连杆弯曲度和扭曲度测量	厚薄规		连杆弯曲度和扭曲度测量

任务实施

一、连杆组检修

（1）先卸掉轴承,将连杆盖和连杆,按要求装好,并按扭矩要求拧紧。
（2）检查内孔圆度,圆柱度误差,其误差值不得大于 0.002 5 mm。
（3）将连杆大头装在检验器的横轴上,实心轴的定心块向外扩张,将连杆固定在检验器上。

二、弯曲检查

如图 1-2-6 所示,三点规的下两个指点与平板接触,而上指点不与平板接触,只要用塞尺测得测点与平板间的间隙值,即为连杆在 100 mm 的长度上的弯曲度。最大的弯曲度应小于 0.05 mm,如果最大弯曲度大于此最大值则需更换连杆。

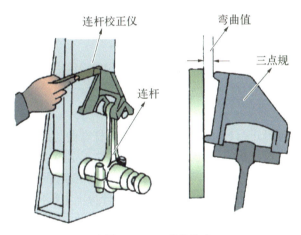

▲图 1-2-6 弯曲检查

三、扭曲检查

扭曲度的定理,测量时,如图 1-2-7 所示,上指点和下指点中的一个指点接触平板,而另一点不接触平板,这时该指点与平板间的间隙为连杆在 100 mm 长度上的扭曲度值。扭曲程度最

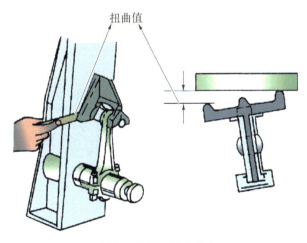

▲图 1-2-7 扭曲检查

大应不超过 0.05～100 mm，如果最大扭曲度值大于此最大值，应更换连杆。

四、根据测量结果，完成工单

姓　名		班　级		学　号		小　组	
车　型		发动机型号		工单号		日　期	
检测项目				判断结果			
弯曲情况				合格（　　）		不合格（　　）	
扭曲情况				合格（　　）		不合格（　　）	
处理情况							
制定修复工艺							

拓展学习

连杆弯扭变形的校正

对发生弯扭变形的连杆进行校正时，首先要记下连杆弯曲与扭曲的方向和数值，用连杆校正器进行校正。通常是先校正扭曲，再校正弯曲。校正时，应避免反复的过校正。

校正扭曲时如图 1-2-8-(1) 所示，先将连杆下盖按规定装配和拧紧，然后用台钳（钳口垫以垫片）夹紧连杆大端侧面，使用专用扳钳卡在连杆的杆身上下部位，校正扭曲变形。

校正弯曲时，如图 1-2-8-(2) 所示，将弯曲的连杆置于专用压入器，弯曲的凸起部位朝上，扳转丝杠使连杆产生反向变形并停留一定时间，待金属组织稳定后再卸下，检查连杆的回弹量，经反复校正，直至连杆校正合格为止。

由于材料弹性后效作用，卸去负荷后连杆有恢复原状趋势，影响连杆正常使用。因此，在校正变形量较大连杆后，必须进行时效处理。方法是：将连杆加热至 573 K，保温一定时间即可。校正变形量较小的连杆，只需在校正负荷下保持一定时间，不必进行时效处理。

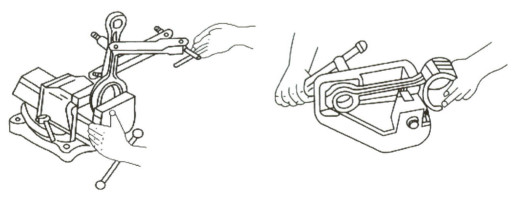

▲图 1-2-8-(1)　校正扭曲　　　　▲图 1-2-8-(2)　校正弯曲

练习与检测

一、判断题

（1）活塞连杆组件装配时，要注意是否采用同一缸号的活塞与连杆，以及安装方向。（   ）

（2）发动机工作中，在交变载荷作用、超负荷等原因，连杆的杆身将会发生弯曲和扭曲等变形。（   ）

（3）连杆弯曲是指连杆小端轴线与连杆大端轴线在轴线平面内的平行度误差。（   ）

二、单选题

（1）连杆在工作时，会发生连杆的弯曲和扭曲，是因为受到（   ）载荷作用。
　　A. 交变　　　　　　B. 单向　　　　　C. 附加　　　　　D. 双向

（2）校正连杆时，通常是（   ）。
　　A. 先校正扭曲，后校正弯曲　　　　B. 先校正弯曲，后校正扭曲
　　C. 只校正扭曲　　　　　　　　　　D. 只校正弯曲

三、思考题

有一辆卡罗拉轿车1ZR-FE发动机，试通过查阅该车维修资料，运用已学习和实践的知识和技能，设计并制订活塞连杆组件的检修工艺步骤。

模块三 曲轴飞轮组检修

学习目标

- 知道曲轴、轴承、飞轮及齿圈零部件的检测要点。
- 掌握曲轴、轴承、飞轮及齿圈零部件的损伤成因、损伤规律及检修方法。
- 能正确使用工、量具,按规范检测与选配曲轴和轴承等零部件。
- 能正确使用工、量具,按规范检测飞轮及齿圈零部件。
- 会查阅曲轴飞轮组件检修资料,能分析检测结果,制定修复方案。

包括
- 曲轴检修
- 轴承飞轮组等检修

学习导入

曲轴飞轮组主要由曲轴、飞轮、曲轴轴承、正时齿轮和曲轴皮带轮等组成。

曲轴由球墨铸铁制成。采用全支承结构,在第三道轴承盖两侧设置了半圆形轴向止推垫片。轴承都采用钢背铜基轴瓦,在维修中只能采用选配方法获得合适的配合间隙。飞轮用铸铁制成,飞轮上有上止点和点火正时记号。

曲轴飞轮组的主要损伤形式有曲轴的磨损、弯扭变形和裂纹等;飞轮工作平面有严重烧灼或磨损沟槽,飞轮齿圈有断齿或齿端冲击耗损等,如图1-3-0所示。

▲图1-3-0 曲轴飞轮组的检修

任务1 曲轴检修

任务描述

一辆1.6升雪佛兰科鲁兹轿车进厂修理,客户反映该车发动机运转不稳,经维修业务接待员检查,可能是发动机的曲轴出现了问题,需对曲轴飞轮组进行检修,作为一位维修技师是如何运用维修手册对发动机曲轴飞轮组进行检修的?

请你参考科鲁兹1.6升LDE发动机维修资料,使用专用工具和通用工具对发动机曲轴飞轮组进行检修，并最终对客户车辆分析检测结果，制定修复方案。

任务准备

一、知识准备

1. 曲轴的磨损

由于曲轴的高速旋转运动，轴颈表面承受较大交变载荷的冲击作用，而且有很高的滑动速度，散热条件差，很容易造成磨损。主轴颈和连杆轴颈的磨损是不均匀的，且磨损部位具有一定规律。主轴颈和连杆轴颈的最大磨损部位相互对应，即各主轴颈的最大磨损部位靠近连杆轴颈一侧；连杆轴颈的最大磨损部位在主轴颈一侧。

1）连杆轴颈的磨损特点及原因

连杆轴颈的径向不均匀磨损，是由于发动机工作时，作用在连杆轴颈上的力沿圆周方向分布不均匀所造成的。发动机工作时，连杆轴颈承受着由连杆传来的周期性变化的气体压力、活塞连杆组往复运动的惯性力及连杆大端回转运动离心力作用，这些力的合力作用在连杆轴颈内侧，方向始终沿曲柄半径向外，使连杆大头始终压紧在连杆轴内侧，从而导致连杆轴颈的内侧磨损最大。

连杆轴颈轴向也呈不均匀磨损，由于通往连杆轴颈的油道是倾斜的，曲轴旋转时，在离心力的作用下，与油流相背的一侧的轴承间隙形成涡流，使机械杂质偏积在连杆轴颈的这端，因而加速了这一端轴颈的磨损，使连杆轴颈磨损呈锥形。

2）主轴颈的磨损特点及原因

主轴颈径向的不均匀的磨损主要是受连杆、连杆轴颈及曲柄壁离心力的影响，使靠近连杆轴颈一侧的轴颈与轴承间发生的相对磨损较大。实践证明，在直列式发动机中，连杆轴颈的磨损比主轴颈的磨损严重，这主要是由于连杆轴颈的负荷较大、润滑较差等原因所造成的；在V型发动机中，主轴颈的磨损比连杆轴颈的磨损更严重。

在发动机使用中，主轴颈的不均匀磨损后果也相当严重，各轴颈不同方向的磨损，导致主轴颈同轴度的破坏，这往往是某些曲轴断裂的原因。

2. 曲轴弯曲与扭曲变形

曲轴产生弯曲变形，是由于使用不当和维修、装配不当造成的。如：发动机在爆震和超负荷等条件下工作，个别气缸不工作或运转不均衡，各道主轴承松紧度不一致，都会造成曲轴的弯曲变形。当变形逾限后，将加剧活塞连杆组和气缸的磨损，以及曲轴和轴承的磨损，严重时，会使曲轴疲劳折断。

曲轴扭曲变形主要是烧瓦和个别活塞卡缸（涨缸）造成的。当个别气缸壁间隙过小或活塞热膨胀度过大，活塞卡缸未及时发现以及超速、超载等，都会引起曲轴的扭曲变形及其他耗损。曲轴产生扭曲变形后，将使连杆轴颈分配角改变，影响发动机的配气正时和点火正时，并造成发动机振动。

3. 曲轴的裂纹与断裂

曲轴的裂纹多发生在曲柄与轴颈之间的过渡圆角处，以及油孔处。前者是横向裂纹，危害极大，严重时造成曲轴断裂。后者多为轴向裂纹，沿斜置油孔的锐边沿轴向发展。曲轴的横向、轴向裂纹主要是由应力集中引起，曲轴变形和修磨不慎也会使过渡区的应力陡增，加剧曲轴的疲劳断裂。

4. 曲轴的其他损伤形式

曲轴轴颈表面还可能出现擦伤和烧伤。擦伤主要是机油不清洁,其中较大的机械杂质在轴颈表面刮成沟痕。烧瓦后,轴颈表面会出现严重的擦伤刮痕,轴颈表面烧灼变成蓝色。

二、器材准备

名 称	图 片	用 途	名 称	图 片	用 途
百分表		曲轴轴径磨损测量	塑料测隙规 塑料线 间隙规		曲轴圆度、圆柱度测量
V形块			25~50 mm 外径千分尺		
高度游标卡尺		曲轴圆度、圆柱度测量			

任务实施

一、曲轴裂纹的检查

曲轴清洗后(见图1-3-1),首先应检查有无裂纹(见图1-3-2)。检查方法有磁力探伤、超声波探伤、着色探伤(渗透法)等,也可用浸油敲击法检验。用浸油敲击法检查时,撒上白粉,然后用手锤分段敲击每个曲柄臂,裂缝内的煤油受震动会从裂纹中渗出,使裂纹处的白粉上显出油迹。如有明显油迹出现,则表明该处有裂纹。

注意: 有裂纹的曲轴必须报废。

▲图1-3-1 清洁曲轴表面

▲图1-3-2 曲轴裂纹检查

二、曲轴轴颈磨损的检测

（1）清洁曲轴。
（2）清洁外径千分尺并校正（见图1-3-3）。
（3）用外径千分尺测量曲轴轴颈的磨损量（见图1-3-4）。
（4）按曲轴主轴颈和连杆轴颈的测量值计算轴颈的圆度和圆柱度误差。
（5）若误差超过技术标准，应按修理尺寸法对曲轴轴颈进行磨削加工。

▲图1-3-3　校正外径千分尺

▲图1-3-4　测曲轴轴径磨损量

三、曲轴轴向间隙的检查

（1）安装百分表（见图1-3-5）。

注意： 曲轴与曲轴轴承盖相连。

将百分表安装在发动机气缸体前面的固定装置中；将千分表吸盘紧靠曲轴放置并进行调整。

（2）测量曲轴的轴向间隙（见图1-3-6）。纵向移动曲轴，允许的曲轴轴向间隙为0.100～0.202 mm（0.003 9～0.008 0 in）。

（3）拆下百分表。

▲图1-3-5　百分表

▲图1-3-6　曲轴轴向间隙检查

四、曲轴圆度的检查

（1）将曲轴插入发动机气缸体中。

（2）安装百分表（见图1-3-7）。将百分表连接到发动机气缸体上的托架上；将千分表吸盘紧靠曲轴轴颈放置并进行调整。

（3）检查曲轴的旋转间隙（见图1-3-8）。平稳地转动曲轴，最大允许的旋转间隙为0.03 mm（0.001 in）。

（4）拆下百分表。

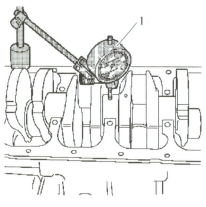

▲图1-3-7　百分表的安装

▲图1-3-8　曲轴圆度检查

五、检查曲轴轴承间隙（用塑料线间隙规）

注意： 拆下曲轴。切勿转动曲轴。

（1）布置塑料线间隙规。将塑料线间隙规（软性塑料线）围绕连杆轴颈的整个宽度方向展开（见图1-3-9）。

注意： 按照正确的拧紧顺序，螺栓可以重复用于检查曲轴轴承间隙。

（2）安装曲轴轴承盖。分三遍拧紧2个曲轴轴承盖螺栓。使用EN-45059传感器套件：第一遍紧固至30 N·m（大赛规定扭矩）；第二遍紧固至30°；第三遍紧固至15°。

▲图1-3-9　塑料线间隙规放置位置

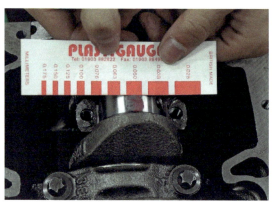

▲图1-3-10　测量曲轴轴承间隙

(3) 拆下2个凸轮轴轴承盖螺栓。

注意：在读取数值时，不要混淆量尺上的毫米和英寸。

(4) 测量曲轴轴承间隙（见图1-3-10）。将变平的塑料线（箭头）的宽度与量尺对比，允许的曲轴轴承间隙为 0.005～0.059 mm（0.000 2～0.002 3 in）。

六、根据测量结果，完成工单

姓　名		班　级		学　号		小　组	
车　型		发动机型号		工单号		日　期	
检 测 项 目				判 断 结 果			
曲轴裂纹				合格（　）		不合格（　）	
曲轴轴颈磨损				合格（　）		不合格（　）	
曲轴轴向间隙				合格（　）		不合格（　）	
曲轴不圆度				合格（　）		不合格（　）	
曲轴轴承间隙				合格（　）		不合格（　）	
处理情况							
制定修复工艺							

拓展学习

汽车故障诊断方法有：直观诊断法、经验诊断法和仪器诊断法。

一、直观诊断法

直观诊断法有问、看、听、嗅、摸和试六种方法。

"问"就是调查；"看"就是观察；"听"就是通过辨听声音来判断发动机运转以及汽车运行状况；"嗅"就是凭借嗅觉察知发动机在运行中有无异常气味；"摸"就是用手接触可能发生故障的机件的工作温度及其振动情况；"试"是通过试车来找出故障的部位。故障的直观诊断需要根据具体情况灵活运用，一般机械故障通过"问、看、听、嗅、摸、试"得到故障信息，经进一步综合分析，都能准确、迅速地查出故障。

二、经验诊断法

经验诊断法有隔离法、试探法、比较法等。

隔离法就是部分地隔离或隔断某些系统或某些部件的工作，通过观察故障现象的变化来确定故障范围或部位的方法。如：将变速器操纵杆放在空挡位置，断续地接合和分离离合器，根据声音的变化判断响声是发生在变速器还是离合器。

试探法是指对故障可能产生的部位通过试探性的排除或调整来判断其是否正常。如：当怀疑是气门间隙过大（或液压挺柱故障）引起气门异响，可用厚薄规（塞尺）塞入气门杆与气门摇臂端（或气门杆与液压挺柱端），若异响消失或减轻，则故障原因即为气门间隙过大（或液压挺柱故障）；若异响声不变，再查其他部位。

比较法常用于在不能准确判断部件技术状况时，将怀疑有故障的零部件与工作正常的相同件对换，根据换件后故障现象的变化来判断所换件是否有故障。如：当某缸不工作，怀疑火花塞工作不正常时，可将一个正常的火花塞换上，若故障消失，说明该火花塞工作不正常。

三、仪器诊断法

使用仪器设备，通过测量发动机总成、机构的诊断参数，可实现对发动机的不解体检测诊断。仪器诊断法具有安全、快速、准确、预见性好等特点，是汽车故障诊断的发展方向。如：在就车检测时，只要测量气缸压缩压力、进气歧管真空度、气缸漏气量或气缸漏气率、曲轴箱窜气量等其中的一项或几项，就能确定气缸密封性不良产生的部位及可能原因。

练习与检测

一、判断题

（1）曲轴弯曲变形将影响配气正时和点火正时。　　　　　　　　　　　　（　）
（2）用偏心法磨削连杆轴颈，能减少磨削量，增加大修次数，所以应尽量采用。（　）
（3）曲轴轴颈圆度误差的数值是同一圆截面两个方向直径之差的一半。　　（　）

二、单选题

（1）曲轴轴颈的径向磨损呈（　　）。
　　A. 圆形　　　　　　B. 椭圆形　　　　　C. 锥形　　　　　　D. 橄榄形
（2）曲轴轴颈的轴向磨损呈（　　）。
　　A. 圆形　　　　　　B. 椭圆形　　　　　C. 锥形　　　　　　D. 橄榄形
（3）曲轴扭曲变形将（　　）。
　　A. 加剧活塞连杆磨损　　　　　　　　B. 加剧气缸的磨损
　　C. 使曲轴疲劳断裂　　　　　　　　　D. 影响配气正时和点火正时
（4）采用修理尺寸法维修曲轴时（　　）。
　　A. 先磨削曲轴，后矫正曲轴弯曲　　　B. 先磨削主轴颈，后矫正曲轴弯曲
　　C. 先矫正曲轴弯曲，后磨削曲轴　　　D. 先矫正曲轴弯曲，后磨削主轴颈
（5）曲轴裂纹的检查不采用（　　）。
　　A. 超声波探伤　　　　　　　　　　　B. 磁力探伤
　　C. 水压试验　　　　　　　　　　　　D. 着色探伤
（6）以下不是曲轴常见损伤形式的是（　　）。
　　A. 裂纹　　　　　　　　　　　　　　B. 变形
　　C. 磨损　　　　　　　　　　　　　　D. 烧蚀

三、思考题

有一辆卡罗拉轿车1ZR-FE发动机,试通过查阅该车维修资料,运用已学习和实践的知识和技能,设计并制订曲轴的检修工艺步骤。

任务2　轴承、飞轮等零部件检修

任务描述

一辆1.6升雪佛兰科鲁兹轿车进厂修理,维修人员通过检测,已判断发动机异响为连杆轴承异响,除了对连杆轴承进行重新选配外,还应对与之相配的曲轴飞轮组件进行检测,并通过选配等修复方法排除异响故障,恢复发动机良好的机械性能。

请你参考科鲁兹1.6升LDE发动机维修资料,使用专用工具和通用工具对发动机曲轴飞轮组件进行检修,并最终对客户车辆分析检测结果,制定修复方案。

任务准备

一、知识准备

1. 曲轴飞轮组件常见损伤形式

曲轴飞轮组的主要损伤形式有曲轴的磨损、弯扭变形和裂纹等;飞轮工作平面有严重烧灼或磨损沟槽,飞轮齿圈有断齿或齿端冲击耗损等。

2. 曲轴飞轮组件的检修方法

1）飞轮的维修

飞轮工作平面如果出现严重烧灼或磨损沟槽,则可能产生机械式离合器打滑现象;飞轮齿圈如果出现齿端耗损或断齿等,则可能在启动发动机时发生起动机齿轮与飞轮齿圈啮合异响声甚至不能啮合现象。

飞轮工作表面应无明显的划伤沟槽。飞轮平面度应不大于0.20 mm,否则应采用车削或磨削的方法修平或更换飞轮。如飞轮表面出现裂纹过长、起槽过深则必须更换。

飞轮齿圈轮齿磨损严重或出现裂纹时,可将齿圈均匀加热至50～200℃,轻轻敲下,再将新齿圈加热到200℃,趁热压装到飞轮上。更换齿圈后,须对飞轮进行静平衡试验,不平衡量不得超过10 g·cm。安装时齿圈上有倒角的一面朝向起动机。

在更换飞轮或齿圈、离合器压盘或总成及修整飞轮工作平面之后,都应重新进行组件的动平衡试验。

2）曲轴轴承的选配

曲轴轴承的选配方法与连杆轴承相同。

（1）确定轴承内径。根据曲轴轴颈直径和规定的轴承径向间隙选择合适的轴承。

（2）检验轴承钢背质量。轴承钢背应光滑完整无损耗,横向定位凸键完好。

（3）检验轴承弹开量。轴承高出量过少,自锁能力差,在工作中容易产生转动引起烧瓦。高出量过大,装配后局部可能凸起,容易引起合金层剥落,引起烧瓦。

二、器材准备

名　称	图　片	用　途	名　称	图　片	用　途
百分表		飞轮端面全跳动测量	刀口尺		飞轮平面度测量
V形块			塞尺		

任务实施

（1）清洁飞轮齿圈表面及量具。

（2）检查飞轮工作表面是否有明显的划伤沟槽。当飞轮端面磨损成波浪形或起槽深度超过0.5 mm时，应采用车削或磨削的方法修平。

（3）使用直尺和厚薄规检查飞轮的平面度误差，应不大于0.10 mm，否则应采用车削或磨削的方法修平，如图1-3-11所示。

（4）将飞轮装到曲轴上，用百分表及表座检查飞轮工作面对曲轴轴线的端面全跳动量（见图1-3-12），应不大于0.20 mm，否则应予以调整或更换飞轮。

（5）检查飞轮齿圈的齿面磨损、轮齿断裂情况。当轮齿损坏，或齿圈轮齿严重磨损，应更新齿圈。新齿圈采用热装配法，即先将齿圈加热至623～673 K，再进行热压装配；齿圈与飞轮配合过盈为0.30～0.60 mm。

（6）更换齿圈后，对飞轮进行静平衡试验，不平衡量不超过10 g·cm。

▲图1-3-11　检查飞轮平面度

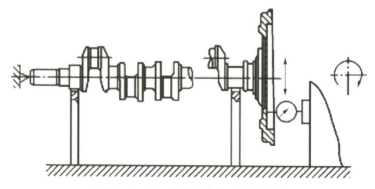

▲图1-3-12　用百分表检查飞轮端面

(7) 根据测量结果,完成以下工单。

姓　名		班　级		学　号		小　组	
车　型		发动机型号		工单号		日　期	
检 测 项 目			标准值	测量值	判　断　结　果		
飞轮端面磨损情况					合格(　)		不合格(　)
飞轮的平面度					合格(　)		不合格(　)
端面全跳动量					合格(　)		不合格(　)
飞轮齿圈的齿面磨损					合格(　)		不合格(　)
飞轮的不平衡量					合格(　)		不合格(　)
处理情况							
制定修复工艺							

拓展学习

曲轴矫正的方法有以下八种:

一、压力矫正法

在有压力机设备的单位,一般应在压力机上进行冷压矫正。在没有压力设备的情况下,可将气缸体倒放,在前后两轴承座孔上放置旧轴瓦,架上曲轴测出最大弯曲面的位置,在此位置装上带有旧轴瓦的轴承盖,均匀地拧紧轴承盖螺母,对曲轴施加压力。一般四缸锻造的中碳钢曲轴弯曲值在0.1 mm左右时,矫压的反变形量大约1.5～2 mm,加压后可保持120 s左右使曲轴产生一定的塑性变形来矫正原弯曲值。如果弯曲值过大则应分数次逐步矫正,每次矫正量不大于0.05 mm,以防断裂。球墨铸铁曲轴不能用此法矫正变形,只能在磨削加工中加大磨量的消除,否则应予报废。

压力矫正有如下特点:① 方法简单,但矫正效果不稳定,当承受原工作力时,易使曲轴重新发生弯曲,为保证其不变形,应将曲轴加热180～200℃保温5～6 h即可。② 矫正精度不易控制,压弯量和保压时间只作参考,需经多次试验后方可确定,不同机型的曲轴长度不同,材质不同,在使用中应特别注意。③ 反复矫正后轴颈表层常产生微小的裂纹,降低了曲轴的疲劳强度,一般为10%～15%。

二、冷作矫正法

冷作矫正是用圆头锤敲击零件表面使表层金属产生塑性变形,借助变形层中的残余应力来达到矫正曲轴弯曲变形的目的。该法的矫正精度高,效果稳定,不降低曲轴的疲劳强度,但矫正量较小,一般为0.1～0.5 mm,当弯曲值大于0.5 mm时,不能采用冷作矫直。

操作时应注意:① 敲击部位要准确,根据曲轴弯曲方向沿曲轴的左侧或右侧进行敲击,使曲柄臂发生塑性变形。位置选择不对,则会出现相反效果。② 由于敲击产生冷作硬化,随着敲击次数的增加,矫正效果减弱。因此对某处的敲击以3～4次为好。③ 敲击工具可选用手锤、平头凿或气锤,弯曲量大时,敲击点和次数可适当增多。

三、火焰矫正法

用氧乙炔焰在曲轴弯曲的凸面曲臂处快速加热一点或几点,然后在空气中迅速冷却,由于热点局部金属冷缩比热胀时引起的变形量大从而矫正曲轴的弯曲变形。该工艺矫正量大、精度高,可控制在0.02～0.03 mm以内。特别适合多缸碳钢曲轴的弯曲变形矫直。

其工艺要点:① 焊枪选用3号和中号焊嘴,火焰为微碳化焰的内焰。② 加热部位,曲轴凸起处,变形量小时可选1～2处,变形量大时可选多处。③ 加热温度,一般选550～580℃为宜,对碳钢曲轴的直观标志是加热点呈深棕色。④ 加热方式,一般采用点状加热,根据变形量的大小,选一点或多点加热。变形量越大,点与点之间的距离应越小。⑤ 加热顺序,从弯曲最高处的第三道主轴颈开始加热大约10 s,迅速移到第二主轴颈加热5 s左右,最后加热第四主轴颈5 s左右(如图1-3-13所示)。

▲图1-3-13 曲轴加热顺序

练习与检测

一、判断题

(1) 飞轮与曲轴装配后应进行静平衡试验。　　　　　　　　　　(　)
(2) 更换齿圈后,必须对飞轮进行静平衡试验。　　　　　　　　(　)
(3) 曲轴飞轮组的主要损伤形式有曲轴的磨损、弯扭变形和裂纹等。(　)

二、选择题

(1) 当飞轮端面磨损成波浪形或起槽深度超过(　　)时,应采用车削或磨削的方法修平。
　　A. 0.1 mm　　　　B. 0.25 mm　　　　C. 0.5 mm　　　　D. 以上都不对
(2) 使用刀口尺和厚薄规检查飞轮的平面度误差,应不大于(　　)mm。
　　A. 0.10 mm　　　B. 0.20 mm　　　　C. 0.30 mm　　　D. 以上都不对
(3) 更换齿圈后,对飞轮进行静平衡试验,不平衡量不超过(　　)。
　　A. 10 g·cm　　　B. 15 g·cm　　　　C. 5 g·cm　　　　D. 以上都不对

三、思考题

有一辆卡罗拉轿车1ZR-FE发动机,试通过查阅该车维修资料,运用已学习和实践的知识和技能,设计并制订飞轮及齿圈的检修工艺步骤。

项目二 配气机构检修

项目导学

配气机构是四冲程发动机完成工作循环的主要机构。其工作状况将直接影响发动机的动力性、经济性以及排放性能。

本项目主要通过分析配气机构的损伤形式和成因,能对气门组、气门传动组等零部件进行检测并提出修复方法。

本项目的主要任务如图2-0-1所示:

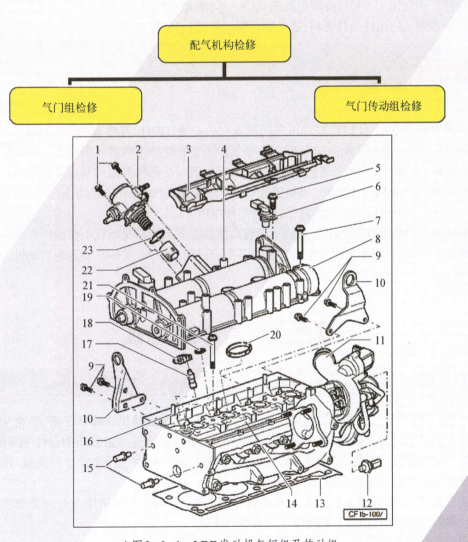

▲图2-0-1 LDE发动机气门组及传动组

模块一　气门组检修

学习目标

- 知道气门组件的检修要点。
- 掌握气门组件的损伤成因及检修方法。
- 能正确使用工、量具,按规范检测气门、气门座等零部件。
- 会查阅气门组件检修资料,能分析检测结果,制定修复方案。

学习导入

雪佛兰科鲁兹1.6升LDE发动机采用顶置双凸轮轴(DOHC),具有2个凸轮轴。一个用于所有进气门,另一个用于所有排气门。每个气缸有2个带挺柱的进气门和2个带挺柱的排气门。凸轮轴是铸铁件,由曲轴通过正时皮带来驱动,有一个张紧器以控制皮带的张力。发动机装备有进排气凸轮轴可变机构,可根据发动机的转速及负荷调节最佳的进排气门开启时刻。所以调节气门正时可以实现低消耗、最佳功率和扭矩。

发动机气门组件在工作中长期处于高温高压状态下运转并受燃气中腐蚀性介质的腐蚀而造成机件的损坏,润滑不良而产生磨损使得各配合副间隙加大,这些都将影响发动机的动力性和经济性。

任务　气门组件检修

任务描述

一辆1.6升雪佛兰科鲁兹轿车进厂修理,客户反映该车发动机故障灯点亮,感觉发动机有规律性抖动且动力性下降,油耗明显上升,经维修人员初步检查,3缸缸压明显低于其他气缸。判定是发动机的气门组件出现了问题,需对发动机进行分解,对气门组件进行检修,作为一位维修技师该如何应用维修手册对发动机气门组件进行检修呢?

请你参考科鲁兹1.6升LDE发动机维修资料,使用专用工具和通用工具对发动机气门组件进行检修,并对客户提出车辆使用注意事项和建议。

通过气门组件的检修作业,你应掌握能分析检测结果,制定修复方案。

任务准备

一、知识准备

1. 气门组常见损伤形式及成因

1) 气门的损伤

气门常见损伤有：气门杆部磨损、气门断裂、工作面磨损与烧蚀以及气门杆弯曲变形等，如图2-1-1所示。

气门杆烧蚀

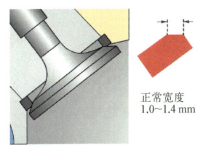
气门座工作面变宽
正常宽度 1.0~1.4 mm

▲图2-1-1 气门常见损伤

2) 气门座的损伤

气门座损伤是由于冲击引起的塑性变形，高温气体的烧蚀及气门座的磨损。气门座的磨损，使密封带变宽，气门与气门座关闭不严，气缸密封性降低。如气门落座后，其大端面低于气缸盖燃烧室平面下陷量大于2 mm，如图2-1-2所示。当密封带变宽超过3 mm或密封带表面出现凸凹陷、斑点时，一般通过铰削和磨削修复。

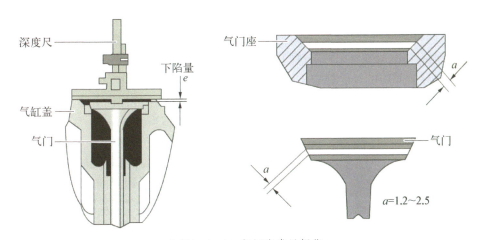

▲图2-1-2 气门座常见损伤

3) 气门弹簧的损伤

气门弹簧经长期使用后会出现下列损耗：断裂、歪斜、弹力减弱。气门弹簧的歪斜将影响气门关闭时的对中性，使气门关闭不严，容易烧蚀密封带，并破坏气门旋转机构的正常工作。

2. 气门组的检修方法

1) 气门的检修

当气门出现下列耗损之一时,应予更换。

（1）气门杆磨损大于0.05 mm,或出现明显的台阶形磨损。

（2）气门头圆柱面的厚度小于1.0 mm。气门头圆柱部分厚度过小会增大燃烧室容积,使气门头的强度降低。

（3）气门尾端的磨损大于0.5 mm。

（4）当气门杆直线度误差大于0.05 mm时,应予更换。气门杆的直线度误差检验方法,如图2-1-3所示。

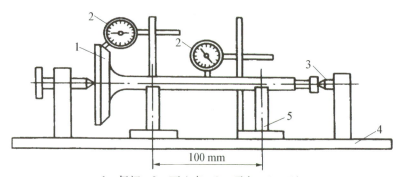

1—气门；2—百分表；3—顶尖；4—平板

▲图2-1-3 气门杆弯曲的检测

2) 气门导管的检修

将气门置于气门导管内,使气门顶面高出气门座约15 mm,同时将百分表固定在缸体或缸盖的适当位置,其测量头抵住气门头的边缘,沿百分表触头方向反复推动气门头,百分表摆差的一半即为气门杆与气门导管的间隙（近似值）。如图2-1-4所示。

进、排气门杆与气门导管的配合间隙应参照制造厂的相关技术参数。如果在修理工作中更换了气门,则应再次对新气门杆与气门导管配合间隙进行测量。

气门杆与导管间隙的经验检查方法为：将气门杆和导管擦净,在气门杆上涂上一层薄机油,将气门放置在导管上后,上下拉动数次后,气门在自重作用下能徐徐下落,表示气门杆与导管的配合间隙适当。

▲图2-1-4 气门导管的检测

3) 气门弹簧的检修

检查气门弹簧在自由状态下,支承面对弹簧中心线的垂直度；可用游标卡尺测量气门弹簧的自由长度是否符合标准,若低于极限值应予以更换。检查气门弹簧最小安装弹力。应在弹簧弹力检验仪上进行。气门弹簧是否变形可将气门弹簧放置在平板上,用直角尺检查其垂直度,如图2-1-5所示。气门弹簧的技术要求,上端间隙一般应≤1.5 mm,否则,应进行更换,气门弹簧表面应光洁,无裂纹,夹杂,折叠,凹陷等缺陷。

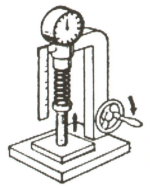  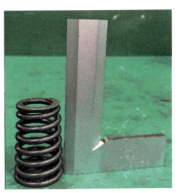

▲图2-1-5　气门弹簧的检测

4) 气门工作锥面和气门座的检修

(1) 当气门的工作锥面上出现偏磨、烧蚀、斑点、沟槽等损伤时,可视情在气门光磨机上修磨其工作锥面。但光磨后气门头部圆柱面的高度应符合原厂技术要求,否则应予报废。

(2) 当气门座圈有裂纹、松动、严重斑点或烧蚀时应更换;气门座圈有轻微磨损和烧蚀,可铰削气门座。铰削后装入新气门,若气门大端平面低于气门座顶面0.5 mm,应镶换新的气门座圈。

5) 气门与气门座密封性的检修

(1) 划线法,在气门工作斜面上用软铅笔均匀画上若干直线条。将气门放在气门座上旋转1/8～1/4圈或轻拍数下,检查气门工作面铅笔线条,如所有线条均被切断,则表明气门与气门座密封良好,如图2-1-6所示。

(2) 渗油法,将气门放入气门座中,燃烧室内注满煤油或柴油。5 min内视气门与座接触处是否有渗漏现象。若无渗油便表示密封性良好,如图2-1-7所示。

(3) 拍击法,将气门与相配气门座轻轻敲击几次,察看接触带,如有明亮的连续光环,即为合格。

(4) 印迹法。在气门工作面上涂抹上一层轴承蓝或红丹油,然后用橡皮捻子吸住气门在气门座上旋转1/4圈,再将气门提起,若轴承蓝或红丹布满气门座工作面一周而无间断,又十分整齐,即表示密封良好,如图2-1-8所示。

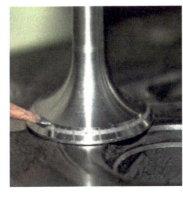  

▲图2-1-6　划线法　　　　▲图2-1-7　渗油法　　　　▲图2-1-8　印迹法

（5）气压检验法。将气门与气门座密封性试验仪压在气门与气门座的缸盖平面上，如图2-1-9所示，用橡皮球向贮气筒打入58.8～68.6 kPa的空气，在半分钟内压力降低值应不大于20%。

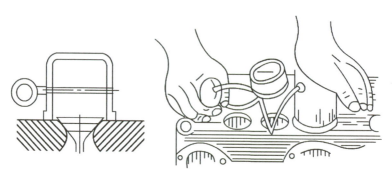

▲图2-1-9　气压检验法

二、器材准备

名　称	图　片	用　途	备　注
维修手册		资料查询	
钢皮直尺		测量气门座宽	
0～25 mm 外径千分尺		测量气门杆直径	
游标卡尺		测量气门长度	
气门弹簧测试仪		测量气门弹簧张力	GE-22738-B

任务实施

一、气门检修

1. 气门清洁

（1）用软毛刷清洁气门头上的积炭。不得使用钢丝刷清洁气门杆的任何部分。气门杆表面镀铬以增强抗磨损特性。对气门杆使用钢丝刷会除去镀铬层。

（2）用溶剂彻底清洗气门并将其擦干。

2. 气门目视检查

检查气门头到气门杆是否有以下状况，如图2-1-10所示：

（1）气门座部位点蚀－1
（2）气门余量厚度不足－2
（3）气门杆弯曲－3
（4）气门杆点蚀或严重磨损－4
（5）气门锁片槽磨损－5
（6）气门杆顶端磨损－6

如果存在上述任一状况，则应更换气门。

3. 气门杆直径检测

清洁气门杆表面，如图2-1-11所示，使用外径千分尺检查气门杆，若磨损量超出原厂标准或出现明显的台阶形磨损，必须更换。

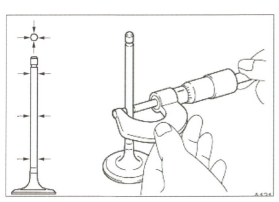

▲图2-1-10　目视检测

▲图2-1-11　气门杆直径测量

小贴士

气门杆直径	标　准
进气门	4.965～4.980 mm
排气门	4.950～4.965 mm

4. 气门总长度检测(见图2-1-12)
5. 气门头部直径检测(见图2-1-13)

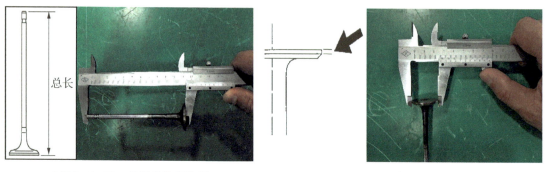

▲图2-1-12　气门总长度检测　　　　▲图2-1-13　气门头部直径检测

小贴士

气门头部直径	标　　准	气门长度	标　　准
进气门	31.100～31.300 mm	进气门	117.000～117.400 mm
排气门	27.400～27.600 mm	排气门	116.160～116.360 mm

二、气门导管检修

（1）用测量规测量气门导管内径，如图2-1-14所示。

（2）用导管衬套内径测量值减去气门杆直径测量值。如间隙大于最大值，则需更换气门和导管衬套。

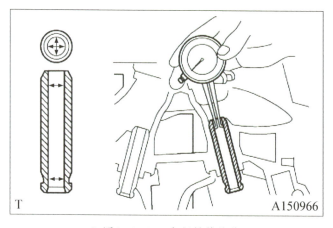

▶图2-1-14　气门导管检修

小贴士

气门导管孔径	标　　准	气门杆至导管的间隙	标　　准
孔径	5.000～5.016 mm	进气门	0.020～0.051 mm
		排气门	0.035～0.066 mm

三、气门弹簧检修

（1）用溶剂清洁气门弹簧，用压缩空气吹干气门弹簧。

注意：佩戴安全眼镜，以免损伤眼睛。

（2）检查气门弹簧是否有弹簧圈破裂或弹簧圈末端破裂。如有破裂，更换气门弹簧。

（3）如图2-1-15所示，使用GE-22738-B测试仪测量气门弹簧张力。若发现气门弹簧负载过低，应更换气门弹簧。

注意：不得使用垫片增加弹簧负载。若使用垫片，气门弹簧可能在凸轮轴凸轮到达升程顶点前就压缩到底。

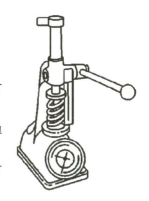

▲图2-1-15　气门弹簧检修

小贴士

气门弹簧长度	标　　准
气门弹簧长度	41.000 mm
175～195 N（40～44 lbf）载荷下的气门弹簧长度——打开	35.000 mm
427～473 N（96～107 lbf）载荷下的气门弹簧长度——关闭	25.500 mm

四、气门座检修

1. 气门座宽度检修（见图2-1-16）

（1）用适当的标尺测量气缸盖中的气门座宽度。

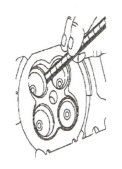

▲图2-1-16　气门座宽度检修

(2) 用适当的标尺在气门锥面①上测量气门座宽度。

如果气门座宽度不合格,您必须使用"气门和气门座修整程序"研磨气门座,以便使宽度恢复到规格内。

小贴士

气门座宽度	标 准
进气门座宽度	1.000～1.400 mm
排气门座宽度	1.400～1.800 mm
气门座接触面至少要距离气门外径(余量)	0.5 mm

2. 气门对气门座同心度检修(见图2-1-17)

(1) 将蓝染色剂③轻轻涂于气门锥面上。
(2) 将气门安装到气缸盖上。
(3) 用足够的压力抵着气门座转动气门,以磨去染料。
(4) 将气门从气缸盖上拆下。
(5) 检查气门锥面。

如果气门锥面和气门杆是同心的,围绕整个锥面①的印痕会是连续的。

注意: 染料磨去印痕至少要距离气门外径(余量)0.5 mm (0.020 in)。如果染料磨去印痕离余量太近,必须修整气门座以使接触面离开余量。

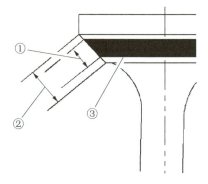

▲图2-1-17　同心度检修

如果气门锥面和气门杆不同心,气门锥面上的染料磨去印痕将是不连续的。应使用"气门和气门座修整程序"修整气门锥面或更换气门并且必须修整气门座。

五、根据测量结果,完成工单

姓　名		班　级		学　号		小　组	
车　型		发动机型号		工单号		日　期	

气门组件检测部位	测量值		标准值		判　断　结　果	
	进气门	排气门	进气门	排气门		
气门杆直径					合格(　　)	不合格(　　)
气门总长度					合格(　　)	不合格(　　)
气门头部直径					合格(　　)	不合格(　　)

(续表)

气门组件检测部位	测量值		标准值		判 断 结 果
	进气门	排气门	进气门	排气门	
气门杆与气门导管的配合间隙					合格（　） 不合格（　）
气门弹簧长度					合格（　） 不合格（　）
载荷下的气门弹簧长度——打开					合格（　） 不合格（　）
载荷下的气门弹簧长度——关闭					合格（　） 不合格（　）
气门座宽度					合格（　） 不合格（　）
气门对气门座同心度					合格（　） 不合格（　）
处理情况					
制订修复工艺					

拓展学习

一、气门漏气对发动机性能的影响

气门漏气是指气门与气门座的工作面密封不良，产生气体渗漏，导致气缸压力下降的现象。

1. 故障现象

发生该故障时，发动机会出现起动困难、进气管回火、排气管放炮、冒烟、燃油消耗增加以及出现异响等现象。

2. 气门漏气产生的原因

（1）气门与气门座工作面磨损、烧蚀、密封不良而漏气。
（2）气门与气门座工作面有积碳，气门关闭不严而漏气。
（3）气门与气门导管间隙过大，气门杆晃动，导致气门关闭不严而漏气。
（4）气门杆在气门导管内发涩或卡住，气门不能上下移动。
（5）气门弹簧失去弹性，或弹簧折断。

3. 诊断方法

在排除点火系、燃料系故障原因后，尚不能确定故障时，测量气缸压力或测量进气歧管的真空度，可以比较准确地确定该故障。

4. 排除方法

拆卸气缸盖，对气门组件进行检修，修磨或更换损坏的气门等零件。

二、气门漏气的检测

气门漏气量检测使用气缸漏气量检测仪,采用气门泄漏测试能准确地查明泄漏原因。它不仅能显示进、排气门与座的密封性,还能检测气缸中活塞与活塞环、气缸盖与气缸体之间的密封性。

气缸漏气量检测的基本原理是利用充入气缸内的压缩空气,用压力表检测活塞处于压缩终了上止点时气缸内压力的变化情况,来表征气缸密封性。

气缸漏气量检测仪的外部气源压力应相当于汽缸压缩压力,一般为600～900 kPa。压缩空气进入气缸漏气量检测仪(其压力由进气压力表显示),随后经减压阀、橡胶软管、快换管接头、充气嘴进入处于压缩终了上止点的汽缸。气缸漏气量检测仪,如图2-1-18所示。

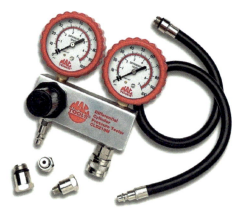

▲图2-1-18　气缸漏气量检测仪

气缸内的压力变化情况由测量表显示。该压力变化情况表明了机体组件和气门组件的密封状况。

发动机气缸漏气量检测诊断标准一般是通过具体车型的测量,逐渐积累资料来制定的。可在气缸漏气量检测的同时采取以下辅助手段诊断故障部位。

(1) 在进气管处监听,如听到漏气声,则为该缸进气门与座密封不良,应检修或更换进气门和座。

(2) 在消声器处监听,如听到漏气声,则为该缸排气门与座密封不良,应检修或更换排气门和座。

(3) 如在加机油口处监听到漏气声,摇转曲轴把该缸活塞从压缩上止点移到下止点,根据漏气声的变化,可估计气缸的磨损情况。若漏气声很大,则应检修或更换气缸、活塞和活塞环。

一般汽车发动机可参考经验值:当测量表读数大于250 kPa时,气门与座、气缸活塞配合副密封状况符合要求;当测量表读数小于250 kPa时,气门与座、气缸活塞配合副密封状况不符合要求。

气缸漏气率的检测仪器、检测方法及故障判断的方法与气缸漏气量的检测是一致的,只不过气缸漏气量检测仪的测量表标定单位为kPa或MPa,而气缸漏气率测量表的标定单位为百分数。

气缸漏气率诊断参数标准可参考经验值:气缸漏气率0%～10%时,密封良好;为10%～20%时,密封一般;为20%～30%时,密封较差;达30%～40%时,如果能确认进排气门及其气门座、气缸衬垫、气缸盖和气缸等是密封的,说明进排气门损伤或气缸活塞配合副的磨损接近极限,已经到了更换活塞环或镗磨气缸的程度。

练习与检测

一、判断题

(1) 当气门座圈有裂纹、松动、严重斑点或烧蚀应更换。　　　　　　　　　　(　)

(2) 当气门的工作锥面上出现偏磨、烧蚀、斑点、沟槽等损伤时,可视情况在气门光磨机上修磨其工作锥面。　　　　　　　　　　(　)

(3) 气门座失效是由于冲击引起的塑性变形,高温气体的烧蚀及气门座的磨损。（   ）
(4) 为提高气门与气门座的密封性能,气门与座圈的密封带宽度越小越好。（   ）
(5) 气门弹簧的耗损除断裂外,还有歪斜、弹力减退。气门弹簧的歪斜将影响气门关闭时的对中性,使气门关闭不严,容易烧蚀密封带,影响发动机的正常工作。（   ）

二、选择题

(1) 引起发动机高速运转时气门关闭时刻失调,导致高速熄火的原因是（   ）。
　　A. 配气相位不准　　　　　　　　B. 气门密封不严
　　C. 凸轮磨损严重　　　　　　　　D. 气门弹簧力过弱
(2) 用划线法检查气门密封面时,若将气门放在气门座上旋转1/8～1/4圈或轻拍数下,某根线未切断,则缺陷在（   ）。
　　A. 气门座上　　B. 气门上　　C. 气门与气门座上　　D. 气门与导管上
(3) 气门与气门座密封性的检测方法有划线法、渗油法、拍击法、和（   ）。
　　A. 印迹法　　　B. 油压法　　　C. 水压法　　　D. 荧光法
(4) 气门座损伤后,产生的危害主要是（   ）。
　　A. 异响　　　　B. 排气不彻底　　C. 漏气　　　　D. 工作不平稳
(5) 气门与座圈的密封带宽度应符合原设计规定,一般为（   ）。
　　A. 0.1～0.5 mm　　B. 0.6～1.0 mm　　C. 1.2～2.5 mm　　D. 2.0～3.0 mm

三、思考题

有一辆科鲁兹1.6升LDE发动机,经诊断为由气门和气门座异常磨损导致的气门漏气故障。试通过查阅该车维修资料,运用已学习和实践的知识和技能,设计并制订气门和气门座的检修工艺步骤。

模块二　气门传动组件检修

学习目标

- 知道气门传动组件的检测和调整配气正时的要点。
- 掌握气门传动组件的损伤成因及检修方法。
- 能正确使用工、量具，按规范检测凸轮轴、液压挺柱等零部件。
- 能正确使用工、量具，按规范检测、调整配气正时。
- 会查阅气门传动组件检修资料，能分析检测结果，制定修复方案。

学习导入

发动机在工作中由于气门传动组零部件的磨损、变形、紧固件的松动、油液的泄漏等，出现配气机构异响、配气相位失准、充气效率下降等现象，这些都将影响发动机的动力性和运转平稳性。

任务　气门传动组件检修

任务描述

一辆1.6升雪佛兰科鲁兹轿车进厂修理，客户反映该车发动机发生异响并伴有发动机抖动的现象，经维修人员检查，可能是发动机的气门传动组件出现了问题，需对气门传动组件进行检修，作为一位维修技师应如何应用维修手册对发动机气门传动组件进行检修呢？

请你参考科鲁兹1.6升LDE发动机维修资料，使用专用工具和通用工具对发动机气门传动组件进行检修，并对客户提出车辆使用注意事项和建议。

通过气门传动组件的检修作业，你应掌握分析检测结果，制定修复方案。

任务准备

一、知识准备

1. 气门传动组常见损伤形式及成因

1）凸轮轴的损伤

凸轮轴的主要损伤形式是凸轮、支承轴颈表面和正时齿轮轴颈键槽的磨损，以及凸轮轴的弯曲变形等。这些磨损和变形将使气门的最大开度和充气效率降低,配气相位失准,从而影响发动机的动力性、经济性,增大发动机的噪声。

2）气门挺柱的损伤

气门挺柱的主要损伤有:气门挺柱底部出现擦伤划痕、挺柱与导孔配合松旷、液压挺柱泄漏等。由于挺柱运动的特殊性,以及润滑条件较差或其他原因使挺柱运动阻滞,造成底部的不均匀磨损。液压挺柱除外圆产生磨损外,其内部柱塞与挺柱体之间也有磨损,影响其密封性,致使气门升程减小。

2. 气门传动组件的检修

1）凸轮轴的检修

（1）凸轮磨损的检测。凸轮的磨损会使气门的升程规律改变和最大升程减小,因此凸轮最大升程的减小值是凸轮检验分类的主要依据。当凸轮最大升程的减小值大于0.40 mm时,则应更换凸轮轴。

（2）凸轮轴轴颈的检测。凸轮轴轴颈的圆度误差大于0.015 mm,各轴颈的同轴度误差超过0.05 mm时,应更换或在专用凸轮轴磨床上进行磨削修复。

（3）凸轮轴弯曲变形的检验。检验凸轮轴弯曲时,通常将凸轮轴两端轴颈支承在平板上的V形块上,用百分表测量中间轴颈的径向圆跳动量。当径向圆跳动量大于0.10 mm时,应予以校正。对于只有三个轴颈的凸轮轴,应检测中间轴颈;有四道轴颈时,则检验中间两道轴颈,并以其中最大者为准,如图2-2-1所示。

2）凸轮轴轴承的修理

凸轮轴轴承的配合间隙超过使用极限时,应更换新轴承。更换轴承时应注意:轴承与承孔的过盈量,剖分式轴承为0.07～0.19 mm;整体式轴承为0.05～0.13 mm,铝合金气缸体为0.03～0.07 mm。

3）凸轮轴轴向间隙的检测调整

测量凸轮轴轴向间隙时,顶置式凸轮轴应先拆去液压挺杆,装好1号和5号轴承盖,在凸轮轴前端装上百分表,然后前后撬动凸轮轴,观察百分表读数,如图2-2-2所示。

顶置式凸轮轴轴向间隙的检测调整主要是轴承定位,凸轮轴轴向限位由第一轴和第五道轴承台肩完成的,如轴向间隙大于使用限度0.15 mm时,则应更换台肩的凸轮轴轴承。

▲图2-2-1 凸轮轴弯曲的检验

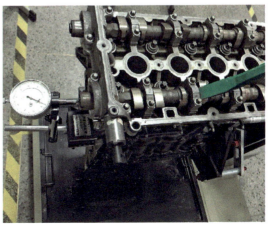

▲图2-2-2 凸轮轴轴向间隙检测调整

二、器材准备

名　　称	图　　片	用　　途	备　　注
维修手册		资料查询	
常用工具		拆装发动机	
0～25 mm 外径千分尺		测量挺柱	
塞　尺		测量气门间隙	

任务实施

一、气门间隙检测

（1）如图2-2-3所示，在发动机旋转方向设置曲轴扭转减振器，直到标记(1)与气缸1在上止点处对齐。

▲图2-2-3　气门间隙检测

(2)使用直尺、记号笔在曲轴扭转减振器上,垂直通过中心螺栓制作180°标记。

(3)如图2-2-4所示,2缸进气侧凸轮-1和3缸排气侧凸轮-2位于顶部且略微向内倾斜相同角度。

(4)如图2-2-5所示,使用塞尺,检查气门间隙是否为规定间隙。

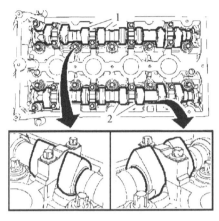

▲图2-2-4 2缸进气侧凸轮-1和3缸排气侧凸轮-2位置

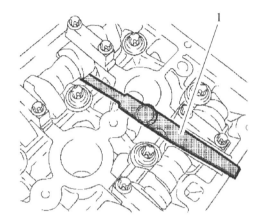

▲图2-2-5 检测气门间隙

(5)通过曲轴扭转减振器螺栓将曲轴沿发动机旋转方向转动180°。

(6)如图2-2-6所示,1缸进气侧凸轮-1和4缸排气侧凸轮-2位于顶部且略微向内倾斜相同角度。

(7)使用塞尺,检查气门间隙是否为规定间隙。

(8)通过曲轴扭转减振器螺栓将曲轴沿发动机旋转方向转动180°。

(9)如图2-2-7所示,3缸进气侧凸轮-1和2缸排气侧凸轮-2位于顶部且略微向内倾斜相同角度。

(10)使用塞尺,检查气门间隙是否为规定间隙。

(11)通过曲轴扭转减振器螺栓将曲轴沿发动机旋转方向转动180°。

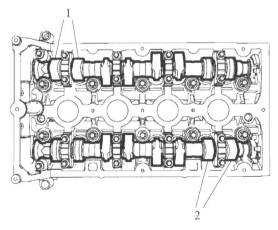

▲图2-2-6 1缸进气侧凸轮-1和4缸排气侧凸轮-2位置

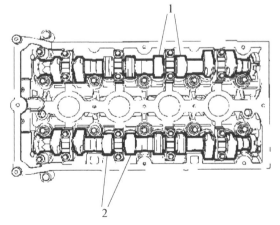

▲图2-2-7 3缸进气侧凸轮-1和2缸排气侧凸轮-2位置

(12)如图2-2-8所示,4缸进气侧凸轮-1和1缸排气侧凸轮-2位于顶部且略微向内倾斜相同角度。

(13)使用塞尺,检查气门间隙是否为规定间隙。

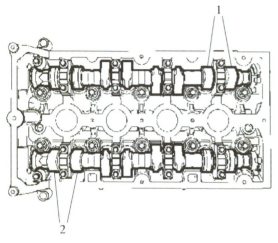

▲图2-2-8 4缸进气侧凸轮-1和1缸排气侧凸轮-2位置

小贴士

气门间隙	标准
进气门	0.25(+/-0.04)mm
排气门	0.30(+/-0.04)mm

二、气门挺杆选配

1)使用千分尺测量挺杆实际厚度。

2)如图2-2-9所示,新挺杆厚度=测量气门间隙值+实际厚度值-标准气门间隙。

3)确定气门挺杆尺寸的示例。

(1)已安装的挺杆测量值为3.10 mm。

(2)凸轮和挺杆之间的测量值0.31 mm。

(3)标准进气门间隙值为0.25 mm。

(4)新的挺杆测量值为=3.10+0.31-0.25=3.16 mm(识别号为16)。

 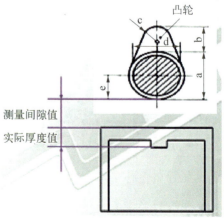

▲图2-2-9 气门挺杆选配

（5）使用该尺寸或最接近该尺寸的气门挺柱。气门挺杆尺寸参见"电子零件目录"。

电子零件目录　　　　　　　　　　　单位：mm

00495	气门挺杆（标记号：16，尺寸：3.150～3.170）
00495	气门挺杆（标记号：20，尺寸：3.190～3.210）
00495	气门挺杆（标记号：04，尺寸：3.030～3.050）
00495	气门挺杆（标记号：24X，尺寸：3.230～3.244）
00495	气门挺杆（标记号：27X，尺寸：3.258～3.272）
00495	气门挺杆（标记号：30X，尺寸：3.286～3.300）

三、根据测量结果，完成工单

姓　名		班　级		学　号		小　组	
车　型		发动机型号		工单号		日　期	
气门间隙检测		测量值		标准值		判　断　结　果	
		气门1	气门2				
1缸进气门						合格（　）	不合格（　）
1缸排气门						合格（　）	不合格（　）
2缸进气门						合格（　）	不合格（　）
2缸排气门						合格（　）	不合格（　）
3缸进气门						合格（　）	不合格（　）
3缸排气门						合格（　）	不合格（　）
4缸进气门						合格（　）	不合格（　）
4缸排气门						合格（　）	不合格（　）
气门挺柱选配							
制订修复工艺							

练习与检测

一、判断题

(1) 凸轮的磨损会使气门的升程规律改变和最大升程不变。　　　　　　　　（　　）

(2) 用百分表测量凸轮轴的径向圆跳动量。对于只有三个轴颈的凸轮轴,应检测中间轴颈,并以其中最大者为准。　　　　　　　　　　　　　　　　（　　）

(3) 凸轮轴的主要损伤形式是凸轮、支承轴颈表面和正时齿轮轴颈键槽的磨损,以及凸轮轴的弯曲变形等。　　　　　　　　　　　　　　　　　（　　）

(4) 气门挺柱的主要损伤有:气门挺柱底部出现擦伤划痕、挺柱与导孔配合松旷、液压挺柱泄漏等。　　　　　　　　　　　　　　　　　　　　　（　　）

二、选择题

(1) 凸轮轴上的凸轮磨损后,气门的升程会(　　　)。
A. 减小　　　　　　B. 增大　　　　　　C. 不变　　　　　　D. 减小或增大

(2) 用百分表测量凸轮轴的径向圆跳动量。对于有四个轴颈的凸轮轴,应检测(　　　)轴颈,并以其中最大者为准。
A. 中间　　　　　　B. 中间两道　　　　C. 最边上一道　　　D. 最边上两道

(3) 凸轮轴上的凸轮磨损后,气门开启时间会(　　　)。
A. 增加　　　　　　B. 不变　　　　　　C. 增长或缩短　　　D. 缩短

(4) 凸轮轴凸轮最大磨损部位一般发生在(　　　)。
A. 凸轮基圆　　　　　　　　　　　　　B. 凸轮顶部
C. 气门开启过渡区　　　　　　　　　　D. 气门关闭过渡区

三、思考题

有一辆科鲁兹1.6升LDE发动机,经检测气门间隙过大,超过极限值。试通过查阅该车维修资料,运用已学习和实践的知识和技能,设计并制订气门间隙检测和挺杆选配的检修工艺步骤。

项目三 冷却系统检修

项目导学

发动机冷却系统的作用是将发动机的水温维持在最适宜的温度下工作。冷却系统既要防止发动机过热也要防止发动机过冷。当发动机过热时会出现水温过高,冷却液会产生沸腾及膨胀现象;严重时会造成发动机熄火甚至发动机报废等现象。当发动机过冷时会出现缸壁温度过低,使燃油蒸发不良;加剧气缸磨损腐蚀。这些不良现象导致发动机动力性下降,经济性变差,使用寿命降低。

本项目主要通过分析冷却系统损伤形式及成因,对冷却系统组件等进行检测并提出修复方法。本项目的主要任务如图3-0-1所示:

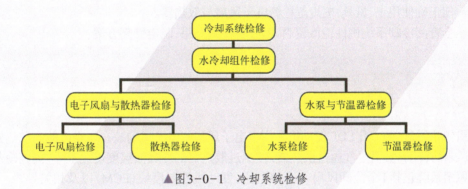

▲图3-0-1 冷却系统检修

冷却系统的组成如图3-0-2所示。

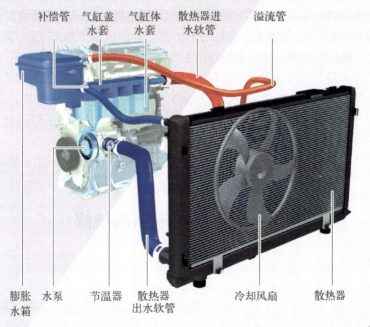

▲图3-0-2 冷却系统的组成

模块一　电子风扇与散热器检修

学习目标

- 知道电子风扇与散热器的检修要点。
- 知道电子风扇与散热器的损伤成因及检修方法。
- 能正确使用工、量具,按规范检测电子风扇与散热器。
- 会查阅冷却系统机件检修资料,能分析检测结果,制定修复方案。

学习导入

　　雪佛兰科鲁兹1.6升LDE发动机采用单电子风扇。电子风扇装在发动机舱内散热器后面。通过风扇的转动,吸引空气通过散热器,使流过散热器的冷却液温度迅速下降,提高冷却效果。冷却风扇系统包括1个冷却风扇、5个继电器、发动机控制模块(ECM)以及相关导线。冷却风扇总成包括两个电阻器。此部件组合使得ECM能够使用2个风扇控制电路以3种速度控制冷却风扇。发动机控制模块根据发动机冷却液温度控制风扇继电器工作从而控制冷却风扇运转。

　　冷却风扇的运转主要取决于发动机水温传感器探测到的水温,然后由发动机控制模块控制风扇继电器工作来完成,其中某个部件的损坏都会造成风扇工作不正常,造成水温过高。雪佛兰科鲁兹电子风扇的电路工作示意图如图3-1-0所示。

　　散热器又称水箱。安装在发动机前的车架横梁上,由上贮水室、散热器芯和下贮水室三部分组成。散热器是一个热交换器,将流经散热器的冷却液散热。散热器芯上的散热片,散发流经管子的冷却液的热量。冷却液在散热器芯内流动,空气在散热器芯外通过。热的冷却液由于向空气散热而变冷,冷空气则因为吸收冷却液散出的热量而升温。

　　发动机散热器是用来给发动机降温的。如果散热器发生故障,会造成发动机温度升高。

任务1　电子风扇检修

任务描述

　　一辆1.6升雪佛兰科鲁兹轿车,客户反映车辆低速行驶时发动机水温过高,车辆由拖车牵引至修理厂,经过维修技师初步确认冷却风扇不工作,需对冷却风扇进行检查。

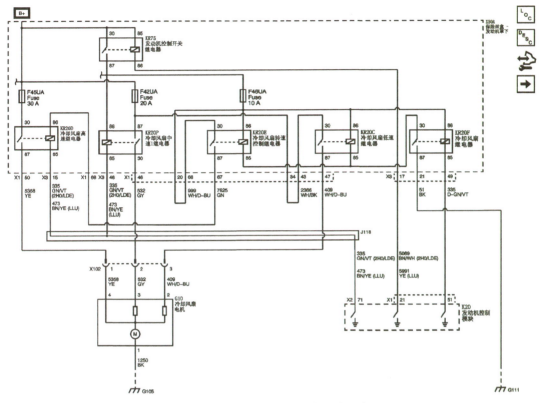

▲图3-1-0 科鲁兹电子风扇工作示意图

请你分析电子风扇的损伤的成因,并参考科鲁兹1.6升LDE发动机维修资料,正确使用专用工具和通用工具对电子风扇进行检修,并最终对客户车辆分析检测结果,制定修复方案。

任务准备

一、知识准备

电子风扇主要损伤形式有变形、弯曲和破损以及风扇无法正常运转。

1. 电子风扇变形、弯曲和破损

原因:由于风扇连接板强度不足,使风扇叶片向前弯曲或扭转变形。

危害:破坏了风扇叶片原设计的角度,使其丧失平衡性能,不但影响通过散热器的空气流速和流量,降低了散热器的冷却能力,甚至打坏散热器,加速水泵轴承、密封垫的损坏,还会大幅度地增大风扇的噪声。

2. 电子风扇无法正常运转

原因:(1) 电子风扇电机故障或损坏。

(2) 电子风扇继电器故障或损坏。

危害:电机损坏会导致电子风扇无法正常运转。

3. 电子风扇运转噪声大

原因:(1) 电子风扇电机故障。

(2) 电子风扇叶片变形。

危害：电子风扇运转时噪声大。

二、器材准备

名 称	图 片	用 途
维修手册	雪佛兰全套维修资料	资料查询

任务实施

（1）检查冷却液液位，液位应处于标记的max与min之间，如图3-1-1所示。

（2）发动机热量达到某一工作温度，观察电子风扇是否运转。

（3）用目测法检查电子风扇叶片，如图3-1-2所示。

▲图3-1-1 检查冷却液液位

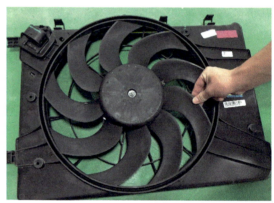

▲图3-1-2 检查电子风扇叶片

（4）测试电子风扇继电器与电阻。

① 将点火开关置于"OFF（关闭）"位置。

② 断开一个KR20冷却风扇继电器。

③ 测试端子85/2和86/1之间的电阻是否为70～110 Ω；KR20F冷却风扇继电器的电阻是否为95～135 Ω。

④ 如果小于或大于规定范围更换KR20冷却风扇继电器。

⑤ 如果在规定范围内，测试以下端子之间的电阻是否为无穷大：30/3和86/1、30/3和87/5、30/3和85/2、85/2和87/5。

⑥ 如果电阻小于无穷大，更换KR20冷却风扇继电器。

⑦ 如果电阻为无穷大，在继电器端子85/2和12 V电压之间安装一根带20 A的保险丝跨接线。

⑧ 将一根跨接线安装在继电器端子86/1和搭铁之间。

⑨ 测试端子30/3和87/5之间的电阻是否小于2 Ω。

⑩ 如果等于或大于2 Ω,更换KR20冷却风扇继电器。

⑪ 如果小于2 Ω,说明全部正常。

(5) 检查电子风扇电机是否正常。给电子风扇电机接12 V电源,观察风扇否能够正常运作(见图3-1-3)。

(6) 检查风扇动平衡。观察风扇叶片平衡块是否完好。

(7) 根据测量结果,完成以下工单。

▲图3-1-3 检查电子风扇电机

姓 名		班 级		学 号		小 组	
车 型		发动机型号		工单号		日 期	
检 测 项 目				判 断 结 果			
电子风扇叶片变形、弯曲和破损情况				合格( )		不合格( )	
电子风扇运转情况				合格( )		不合格( )	
电子风扇继电器及电阻				合格( )		不合格( )	
电子风扇电机				合格( )		不合格( )	

处理情况

制订修复工艺

知识点拨

冷却风扇的常见类型有机械式与电子式。前者与发动机的附件轮相连,由附件皮带驱动。后者由电子模块根据系统要求进行控制。

汽车发动机水冷系多采用低压头、大风量、高效率的轴流式风扇,即风扇旋转时,空气沿着风扇旋转轴的轴线方向流动。

风扇的扇风量主要与风扇直径、转速、叶片形状、叶片安装角及叶片数有关。叶片的断面形状有圆弧形和翼形两种,圆弧形由薄钢板冲压而成,翼形用塑料或铝合金铸制。翼形风扇效率高、消耗功率少,在轿车和轻型车上得到了广泛的应用。一般叶片与风扇旋转平面呈30~45°(叶片安装角)。叶片数为4、5、6或7片。叶片之间的间隔角或相等,或不相等。间隔角不等的叶片可以减少旋转时的振动和噪声。

拓展学习

桑塔纳2000 AJR发动机电动风扇热敏开关的检查方法如下：
(1) 将电动风扇热敏开关放入加热的水中，用万用表测量。
(2) 低速挡在水温达到93~98℃时应能导通，当水温达到88~93℃时则应断开。
(3) 高速挡在105℃时应导通；93~98℃时应断开。否则，应更换电动风扇热敏开关。

练习与检测

一、判断题

(1) 风扇能够提高流经散热器的空气流速与风量。（　　）
(2) 汽车发动机水冷系多采用轴流式风扇。（　　）
(3) 发动机热态时，当发动机已熄火，风扇绝对不可能转动。（　　）
(4) 风扇对发动机其他附件也有一定的冷却作用。（　　）
(5) 风扇连接板强度不足会使风扇叶片向前弯曲或扭转变形。（　　）

二、单选题

(1) 以下（　　）不是轴流式风扇的特点。
   A. 低压头　　　　　　　　　　B. 小风量
   C. 高效率　　　　　　　　　　D. 大风量
(2) 以下（　　）不是电子风扇常见的损伤形式。
   A. 腐蚀　　　　　　　　　　　B. 变形
   C. 弯曲　　　　　　　　　　　D. 破损
(3) 雪佛兰科鲁兹的电子风扇控制电路中有（　　）个继电器。
   A. 3　　　　　B. 4　　　　　C. 5　　　　　D. 6

三、思考题

有一辆卡罗拉轿车1ZR-FE发动机，试通过查阅该车维修资料，运用已学习和实践的知识和技能，设计并制订电子风扇检修工艺步骤。

任务2　散热器检修

任务描述

一辆1.6升雪佛兰科鲁兹轿车进厂修理，客户反映车辆在高速行驶时，发动机水温过高。经维修人员初步检查确认为散热器散热问题，需要对散热器进行检查。

请你分析散热器的损伤的成因，并参考科鲁兹1.6升LDE发动机维修资料，正确使用专用工具和通用工具对散热器进行检修，并最终对客户车辆分析检测结果，制订修复方案。

任务准备

一、知识准备

散热器主要损伤形式有积垢、堵塞和渗漏。

1. 散热器积垢、堵塞

原因：冷却水在反复的温度升高中产生水垢。

危害：散热器积垢或堵塞会导致冷却系统容纳不了规定的冷却液量，或使得冷却液消耗异常，使发动机过热。

2. 散热器渗漏

原因：(1) 散热器由于一段时间的使用会出现老化。

(2) 散热器出现破裂和损伤。

危害：由于散热器的渗漏导致冷却液的量变少，散热器表面出现水垢，影响冷却系的正常工作。

二、器材准备

名 称	图 片	用 途	名 称	图 片	用 途
维修手册		资料查询	散热器盖检测仪		散热器密封检查

任务实施

（1）检查散热器外观，散热器芯表面的散热片不得有较大面积的倒伏或脱落（见图3-1-4）。

（2）检查散热器是否堵塞，如果堵塞则清洗散热器。

（3）检查散热器盖开启压力（见图3-1-5）。

▲图3-1-4 检查散热器外观

▲图3-1-5 检查散热器盖开启压力

① 将散热器盖与测试器安装在一起。

② 用手推动测试器,直到减压阀张开,压力为0.12～0.15 MPa时,限压阀应打开。

(4) 检查散热器是否渗漏(见图3-1-6)。

① 将散热器装满水(就是普通水,不是冷却液),装上测试器。

② 用手推动测试器,使压力达到100 kPa,检查压力是否下降。如果压力下降说明散热器有泄漏。

(5) 根据测量结果,完成以下工单。

▲图3-1-6 检查散热器泄漏情况

姓　名		班　级		学　号		小　组	
车　型		发动机型号		工单号		日　期	
检测项目				判断结果			
散热器外观检查				合格(　)		不合格(　)	
散热器密封性检查				合格(　)		不合格(　)	
处理情况							
制订修复工艺							

知识点拨

按照散热器中冷却液流动的放向可将散热器分为纵流式和横流式两种。

散热器芯结构形式有管片式、管带式、板式。

管片式散热器芯由散热管和散热片组成。散热管是焊在进、出水室之间的直管,作为冷却液的通道。管片式散热器的优点是散热面积大、气流阻力小、结构刚度好及承压能力强等。

管带式散热器芯由散热管及波形散热带组成。散热管为扁管并与波形散热带相间地焊在一起。为增强散热能力,在波形散热带上加工有鳍片。与管片式散热器芯相比,管带式的散热能力强,制造简单,质量轻,成本低,但结构刚度差。

板式散热器芯的冷却液通道由成对的金属薄板焊合而成。这种散热器芯散热效果好,制造简单,但焊缝多不坚固,容易积沉水垢且不易维修。

拓展学习

以AJR发动机为例,对散热器密封性进行检查,如图3-1-7所示。

将V.A.G1274检测仪安装到散热器上,用检查仪手泵对冷却系加压到0.1 MPa,观察检查仪上压力表的指示压力。

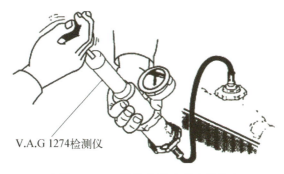

▲图3-1-7 散热器及冷却水道检查

当压力出现明显下降时,说明冷却系存在渗漏部位,应予以排除。可将散热器浸泡在水中,如有气泡冒出,则表明该部位有泄漏。

练习与检测

一、判断题

(1) 若散热器积垢严重,应拆去上、下室,用工具疏通冷却管。　　　　　(　　)
(2) 散热器表面若有明显水垢,则可能是渗漏所造成的。　　　　　　　　(　　)
(3) 管片式与管带式散热器芯相比,管片式的散热能力强,制造简单,质量轻,成本低,但结构刚度差。　　　　　　　　　　　　　　　　　　　　　　　　　(　　)
(4) 散热器盖不能保持最大压力,说明散热器盖出现故障。　　　　　　　(　　)

二、单选题

(1) 检查散热器是否渗漏时用手推动测试器,使压力达到(　　),检查压力是否下降。如果压力下降说明散热器有泄漏。
   A. 50 kPa　　　　B. 70 kPa　　　　C. 90 kPa　　　　D. 100 kPa
(2) 以下(　　)不是管带式散热器芯的优点。
   A. 结构刚度强　　B. 成本低　　　　C. 质量轻　　　　D. 散热能力强
(3) 检查散热器盖开启压力时用手推动测试器,直到减压阀张开,压力为(　　)时,限压阀应打开。
   A. 0.12～0.15 MPa　　　　　　　　B. 0.05～0.08 MPa
   C. 0.03～0.1 MPa　　　　　　　　　D. 0.01～0.03 MPa

三、思考题

有一辆卡罗拉轿车1ZR-FE发动机,试通过查阅该车维修资料,运用已学习和实践的知识和技能,设计并制订散热器检修工艺步骤。

模块二　水泵与节温器检修

学习目标

- 知道水泵与节温器的检修要点。
- 知道水泵与节温器的损伤成因及检修方法。
- 能正确使用工、量具,按规范检测水泵与节温器。
- 会查阅冷却系机件检修资料,能分析检测结果,制定修复方案。

学习导入

水泵是发动机冷却系统的一个部件,并循环来自各个冷却回路部件的冷却液。水泵由密封件、轴承、皮带轮和壳体组成,并由曲轴通过正时皮带的背面驱动以减少水泵皮带轮的噪声。水泵使排放孔槽盖住,防止冷却液泄漏。水泵不是开敞式叶轮,而是密封式塑料叶轮,以提高冷却效率,如图3-2-0所示。

雪佛兰科鲁兹1.6升LDE发动机采用离心式水泵。离心式水泵结构简单、尺寸小、排量大且工作可靠,因此被广泛运用。水泵的作用是对冷却液加压,保证其在冷却系统中循环流动。

如图3-2-Ⅰ所示,水泵的入水口用下水管与散热器相连,水泵的出水口则与气缸水道相通。水泵的叶轮由风扇皮带轮带动,而风扇皮带轮由曲轴皮带轮通过皮带驱动。当叶轮旋转时,水泵中的冷却液被轮叶带动一起旋转,在离心力作用下,冷却液向叶轮的边缘甩出,并且沿切线方向从出水管处被压送到发动机水套内产生循环。同时,叶轮中心处的压力下降,散热器中的冷却液经进水管吸入到叶轮中心。如此反复,冷却液在水泵的作用下循环流动。

由于各种原因导致水泵无法正常工作会导致发动机过热,并伴随有冷却液沸腾现象。

节温器(见图3-2-Ⅱ)是控制冷却液流动路径的阀门。它根据冷却液温度的高低,打开或者关闭冷却液通向散热器的通道。汽车节温器有通用型节温器和电子控制型节温器(见图3-2-Ⅲ)两种。

▲图3-2-0　水泵

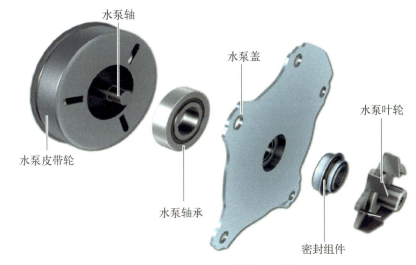

▲图3-2-Ⅰ 水泵的结构与工作原理

▲图3-2-Ⅱ 节温器

▲图3-2-Ⅲ 电子节温器

雪佛兰科鲁兹1.6升LDE发动机采用电子节温器。电子控制型节温器是由冷却液温度和ECM通过电子控制加热方式开启。电子节温器工作媒介是石蜡,ECM利用脉宽调制信号(PWM)驱动加热线圈。加热线圈加热石蜡,当石蜡液化膨胀发生位移,节温器阀门开启,冷却系统进入大循环。

节温器出现故障会导致主阀门开启过迟或过早,开启过迟会导致发动机过热。开启时间过早会使发动机预热时间延长,发动机温度过低。

任务1　水泵检修

任务描述

一辆1.6升雪佛兰科鲁兹轿车进厂修理,客户反映该车发动机过热并且工作不平稳,经维修业务接待员检查,可能是发动机的冷却系统组件中的水泵出现了问题,需对水泵进行检修,作为一位维修技师如何应用维修手册对发动机冷却系统组件中的散热器进行检修?

请你分析水泵的损伤的成因,并参考科鲁兹1.6升LDE发动机维修资料,正确使用专用工具和通用工具对水泵进行检修,并最终对客户车辆分析检测结果,制定修复方案。

任务准备

一、知识准备

1. 水泵常见损伤形式

(1) 水泵壳体、卡环槽及叶轮破裂(见图3-2-1)。
(2) 水封变形、老化及损坏(见图3-2-2)。
(3) 泵轴和轴承磨损(见图3-2-3)。
(4) 轴承松旷。

2. 水泵损伤的成因

(1) 水泵作为一个长期运转的装置,使用过程中,由于老化等一系列原因导致水泵出现各种损伤。

▲图3-2-1 叶轮破损

▲图3-2-2 水封变形、老化及损坏

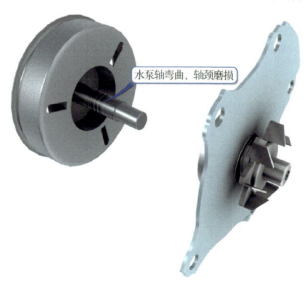

▲图3-2-3 水泵轴磨损

（2）过热与水泵缺乏保养。

（3）同一根皮带驱动的各附件产生的谐振具有不同的频率,破坏水泵的密封。

（4）水泵本身质量问题。

危害：导致水泵无法正常工作,无法让冷却液在冷却系统中循环流动,发动机冷却系统无法正常工作。

二、器材准备

名　称	图　片	用　途
刀口尺		结合面变形检测
厚薄规		

任务实施

（1）目测法检测水泵壳、皮带轮有无破损（见图3-2-4）。

（2）目测法检查叶轮是否有损坏（见图3-2-5）。

（3）目测以及通过声音来检查密封圈是否损坏以及叶轮与泵轴是否存在卡滞、叶轮与泵壳体是否存在摩擦现象（见图3-2-6）。

（4）用手将总成中的水泵轴沿轴向和径向摆动,应无明显松动现象（见图3-2-7）。

（5）检查壳体与盖结合面的平面度（见图3-2-8）。

▲图3-2-4　检测水泵壳、皮带轮

▲图3-2-5　检查水泵叶轮

▲图3-2-6　检查水泵密封圈、叶轮与轴承

▲图3-2-7 检查水泵轴

▲图3-2-8 检查壳体与盖结合面平面度

（6）根据测量结果，完成以下工单。

姓　名		班　级		学　号		小　组	
车　型		发动机型号		工单号		日　期	
检测项目				判断结果			
泵壳和皮带轮			合格（　）			不合格（　）	
水泵轴和轴颈			合格（　）			不合格（　）	
水泵轴承			合格（　）			不合格（　）	
水泵叶轮的叶片			合格（　）			不合格（　）	
密封圈			合格（　）			不合格（　）	
处理情况							
制定修复工艺							

 知识点拨

　　水泵分为机械式水泵与电子式水泵。前者根据发动机转速成比例地循环冷却液。它的驱动方式可分为发动机附件皮带驱动和由发动机直接驱动。后者由电子马达驱动，冷却液的循环量不取决于发动机转速。
　　水泵一般由曲轴通过或带肋的V带传动，传动带环绕在曲轴带轮与水泵带轮之间，因此水泵转速与发动机转速成比例。

拓展学习

　　水泵装合后试验：水泵装合后，用手转动皮带轮，泵轴转动应无卡滞现象；水泵叶轮与泵壳应无碰擦现象。

将水泵装在试验台上按原厂规定进行规定转速下的压力—流量试验。

例如,桑塔纳2000 AJR发动机水泵在规定转速6 000 r/min时,进口压力为0.1 MPa,系统压力为0.14 MPa,出口压力为0.16 MPa。

练习与检测

一、判断题

(1) 对水泵检测,首先检查轴承是否顺畅运作、有无异响。　　　　　　　(　　)
(2) 现代车辆维修中,如果水泵出现问题,直接进行更换。　　　　　　　(　　)
(3) 检查密封圈是否损坏用目测及听声音来检查。　　　　　　　　　　(　　)

二、单选题

(1) 水泵依靠(　　)来驱动。
　　A. 皮带　　　　　　B. 法兰　　　　　　C. 齿轮　　　　　　D. 联轴器
(2) 如果出现(　　),不需要对水泵进行修理。
　　A. 冷却水不循环　　B. 水泵漏水　　　　C. 有异响　　　　　D. 水温过低

三、思考题

有一辆卡罗拉轿车1ZR-FE发动机,试通过查阅该车维修资料,运用已学习和实践的知识和技能,设计并制订水泵检修工艺步骤。

任务2　节温器检修

任务描述

一辆1.6升雪佛兰科鲁兹轿车进厂修理,客户反映该车发动机过热并且工作不平稳,经维修业务接待员检查,可能是发动机的冷却系组件中的节温器出现了问题,需对节温器进行检修,作为一位维修技师如何应用维修手册对发动机冷却系组件中的节温器进行检修?

请你分析水泵的损伤的成因,并参考科鲁兹1.6升LDE发动机维修资料,正确使用专用工具和通用工具对节温器进行检修,并最终对客户车辆分析检测结果,制定修复方案。

任务准备

一、知识准备

以雪佛兰科鲁兹为例,其采用的电子节温器主要损伤形式是节温器损坏。原因主要有以下几点。

(1) 节温器物理损坏导致无法正常开启或关闭。
(2) 节温器老化。

(3) 节温器连接导线的电阻过大等。

危害：节温器无法开启使得冷却液流向散热器的通道一直关闭，冷却液经水泵入口直接流回机体及气缸盖水套，使冷却液迅速升温，发动机过热。节温器无法关闭则使得温度较低的冷却液经散热器冷却后返回发动机，其温度长时间不能升高，发动机过冷。

二、器材准备

名　　称	图　　片	用　　途
维修手册	雪佛兰全套维修资料	资料查询

任务实施

(1) 在电子节温器两端加载电压。使加热线圈加热石蜡，检查电子节温器是否能够正常开启，如图3-2-9所示。

▲图3-2-9　电子节温器检测

(2) 根据测量结果，完成以下工单。

姓　名		班　级		学　号		小　组	
车　型		发动机型号		工单号		日　期	
检　测　项　目				判　断　结　果			
节温器开启和关闭				合格（　　）		不合格（　　）	
处理情况							
制订修复工艺							

知识点拨

雪佛兰科鲁兹的节温器含有一颗蜡球。蜡球根据冷却液温度膨胀收缩,带动主弹簧和密封片的机械移动,进而控制冷却液流动。节温器在90℃时开始电动打开,并在105℃时完全受力打开。

蜡式节温器的工作原理:

如图3-2-10所示,节温器控制冷却液流动并装配在进气歧管上。当冷却液温度低于84℃时,节温器主阀门关闭,副阀门开,来自气缸盖水套水流和暖风装置与进气歧管水流经过节温器进入水泵进口,冷却液处于小循环状态。随着水温升高,石蜡开始膨胀,主阀门B逐步开启,当温度升高到95℃时,主阀门B全开,升程在8 mm左右时,节温器副阀门A关闭,来自散热器水流和暖风装置与进气歧管水流通过节温器进入水泵进口,此时,冷却液处于大循环。

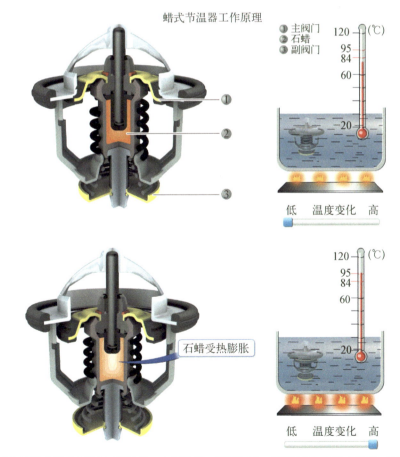

冷却液温度低于84℃(卡罗拉)时,主阀门关,副阀门开。温度在84~95℃之间时,石蜡膨胀推动主阀门部分开启,副阀门部分关闭。温度达到95℃时,主阀门全开,副阀门全关。

▲图3-2-10 节温器工作原理

拓展学习

桑塔纳2000 AJR发动机冷却系节温器检修步骤如下(如图3-2-11所示)：
(1) 将节温器放在一个充满水容器内加热,用温度表监测温度。
(2) 水温约87±2℃时,节温器阀门必须开启。
(3) 水温约105℃时,应完全打开,阀门最小行程为8 mm。
若不符合原厂技术要求应更换。

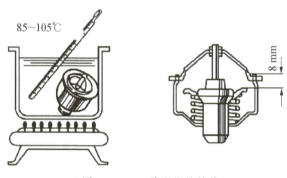

▲图3-2-11 节温器的检修

练习与检测

一、判断题

(1) 发动机运转时,水泵工作正常,也不缺水,水温过高的原因之一是节温器损坏,只走小循环。( )
(2) 发动机冷车运转时,水箱上水管如有冷却液流出,说明节温器阀门不能关闭。( )
(3) 当冷却液温度超过70℃时,水箱上水管无冷却水流出,则说明节温器能正常开启。
( )
(4) 节温器是控制冷却液流动路径的阀门。( )
(5) 蜡式节温器在常温时石蜡呈液态。( )

二、单选题

(1) 节温器若位置装倒后,冷却系将会( )。
　　A. 正常工作　　　B. 过热　　　C. 过冷　　　D. 时冷时热
(2) 雪佛兰科鲁兹的节温器在( )℃时开始电动打开。
　　A. 90　　　B. 70　　　C. 60　　　D. 100
(3) 雪佛兰科鲁兹的节温器在( )℃时完全受力打开。
　　A. 100　　　B. 105　　　C. 108　　　D. 90

三、思考题

有一辆卡罗拉轿车1ZR-FE发动机,试通过查阅该车维修资料,运用已学习和实践的知识和技能,设计并制订节温器检修工艺步骤。

项目四 润滑系统检修

项目导学

发动机机械系统很多机件的工作与润滑条件密切相关,润滑油的油量、油质和油压对发动机影响很大。若发动机运转中出现异响和振动,则应注意检查润滑系统的油量是否太少或机油压力是否过低。润滑系统示意图如图4-0-2所示。

本项目主要通过分析润滑系统损伤形式及成因,对机油泵和润滑系统组件等进行检测并提出修复方法。

本项目的主要任务如图4-0-1所示:

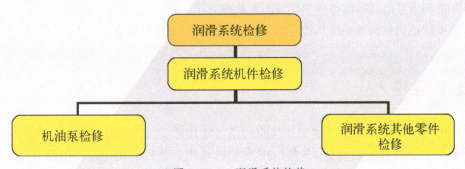

▲图4-0-1 润滑系统检修

润滑系统的结构如图4-0-3所示。

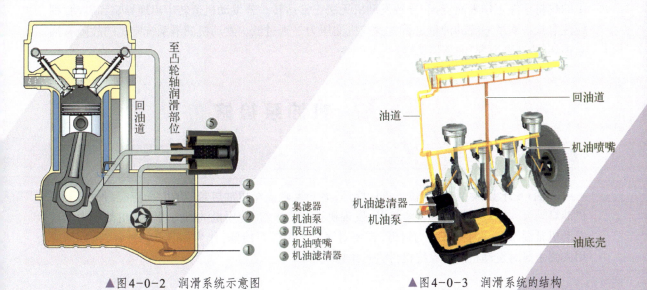

▲图4-0-2 润滑系统示意图　　　　▲图4-0-3 润滑系统的结构

模块　润滑系统机件检修

学习目标

- 知道机油泵的损伤成因及检修方法。
- 能按规范测量机油泵的相关部件,分析测量结果,制定修复方案。
- 知道润滑系统其他零件的损伤成因及检修方法。
- 能按规范测量润滑系统其他零件,分析测量结果,制定修复方案。

学习导入

发动机机械系统很多机件的工作与润滑条件密切相关,润滑油的油量、油质和油压对发动机影响很大。雪弗兰科鲁兹1.6升LDE发动机采用的是目前应用广泛的湿式油底壳,通过机油泵、机油滤清器和油道将干净、有一定油压的机油输送到需要润滑的零件表面,并形成油膜。

润滑系统在汽车发动机上有着重要的作用。润滑系统的故障可能导致发动机金属表面之间的干摩擦,不仅会增加发动机的功率消耗,加速零件工作表面的磨损,而且可能由于摩擦产生的热将零件工作表面烧损,导致发动机无法正常运转。若发动机运转中出现异响和震动,则应注意检查润滑系统的油量是否太少或机油压力是否过低。发动机润滑系统常见的故障有油泵损坏、油底壳泄漏、油道堵塞等。

任务1　机油泵检修

任务描述

一辆1.6升雪佛兰科鲁兹轿车进厂修理,客户反映该车机油灯怠速时时而点亮,加油门后,机油灯熄灭。经过维修技师初步诊断,发现机油液位正常,使用机油压力表测量机油压力发现发动机常温下怠速时机油压力过低,需要对润滑系统进行检修,作为一名维修技师,是如何应用维修手册对发动机润滑系统机件进行维修的?

任务准备

一、知识准备

1. 机油泵常见损伤形式及成因

机油泵的作用是保证润滑油在润滑系统内循环流动,并在发动机任何转速下都能以足够高的压力向润滑部位输送足够数量的润滑油。导致机油泵损坏的原因有很多,例如添加过杂质较多的劣质机油导致集滤器堵塞、油压调节阀咬死、机油泵齿轮间隙过大、油泵盖平面磨损过大等。

2. 机油泵损伤的危害

机油泵出现异常磨损后,将造成机油泵各腔体密封不良,出现内部或外部的漏油,导致机油压力不足,使得零部件间磨损加剧,增加发动机的功率消耗。同时,可变正时系统(VVT)也可能由于油压的不足,造成工作不良,导致发动机燃料燃烧不充分。

二、器材准备

名 称	图 片	用 途	名 称	图 片	用 途
维修手册		资料查询	刀口尺		用于测量各零件之间的间隙
油压表		用于测量发动机机油压力	厚薄规		

任务实施

根据雪佛兰科鲁兹维修手册以及实际维修作业中的要求,发动机机油泵检修工艺过程如下:

(1)经检查发现发动机润滑不良、VVT工作异常,初步怀疑发动机润滑系统出现故障。

(2)起动发动机后,在热车状态下,使用机油压力表,利用位于发动机底部的机油压力传感器的安装孔,测量机油压力,如图4-1-1所示。经检查发现机油压力偏低,润滑系输油管路均无堵塞、破裂。

▲图4-1-1 机油压力测试

▲图4-1-2 拆下机油调压阀

▲图4-1-3 拉动阀体

(3) 拆下并检查机油调压阀正常,用手拉动阀体无明显卡滞现象,如图4-1-2、图4-1-3所示。

(4) 拆下机油泵中带有内部转子的外部转子,如图4-1-4所示。

(5) 清除油垢与污渍,目视检查各零部件,若有明显磨损与损坏,则应更换机油泵总成,如图4-1-5所示。

(6) 安装外部和内部转子,如图4-1-6所示。

(7) 检查转子相对控制单元壳体上缘的轴向间隙,如图4-1-7所示。

▲图4-1-4 拆下机油泵

▲图4-1-5 目视检查各零件

▲图4-1-6 安装内外转子

▲图4-1-7 检查转子相对控制单元壳体上缘的轴向间隙

小贴士

检 测 项 目	标 准 值
转子与泵盖端面间隙	0.02～0.058 mm

注意：若测量值与标准值不符，则应更换总成。

(8) 检查内、外转子之间的间隙，如图4-1-8所示。

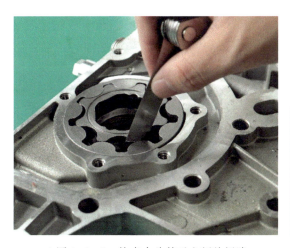

▲图4-1-8　检查内外转子之间的间隙

 小贴士

　　由于雪佛兰科鲁兹维修手册中并未提及该检测值的标准值，建议按实际生产经验得出极限间隙值≤0.20 mm。若测量值与标准值不符，则应更换总成。

(9) 检查外转子与泵壳之间的间隙，如图4-1-9所示。

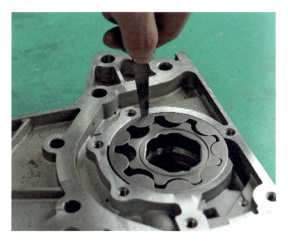

▲图4-1-9　检查外转子与泵壳之间的间隙

小贴士

　　由于雪佛兰科鲁兹维修手册中并未提及该检测值的标准值，按实际生产经验得出极限间隙值应≤0.35 mm。若测量值与标准值不符，则应更换总成。

(10) 检查泵盖表面平面度,如图4-1-10所示。

▲图4-1-10 检查泵盖表面平面度

> **小贴士**
>
> 由于雪佛兰科鲁兹维修手册中并未提及该检测值的标准值,按实际生产经验得出极限间隙值应≤0.05 mm。若测量值与标准值不符,则应更换总成。

(11) 根据测量结果,完成以下工单。

姓 名		班 级		学 号		小 组	
车 型		发动机型号		工单号		日 期	
检测项目		标准值		测量值		判断结果	
目视检查机油泵各零部件状况							
转子相对控制单元壳体上缘的轴向间隙							
内、外转子之间的间隙							
检查外转子与泵壳之间的间隙							
泵盖表面的平面度							
处理情况							
制定修复工艺							

备注:判断结果栏内可填合格或不合格。

拓展学习

齿轮式机油泵的检测内容包括:端面间隙、泵盖端面平面度、齿顶与泵体间隙和齿轮啮合间隙等,如图4-1-11所示。

(1) 用直尺和厚薄规检查齿轮端面到泵盖端面的距离,即端面间隙,一般为0.05～0.15 mm,磨损极限为0.20 mm。

(2) 用直尺和厚薄规检查泵盖端面的平面度,平面度误差若大于0.05 mm,应修磨平面。

(3) 用厚薄规检查齿顶与泵体的间隙,一般为0.05～0.15 mm,磨损极限为0.20 mm。

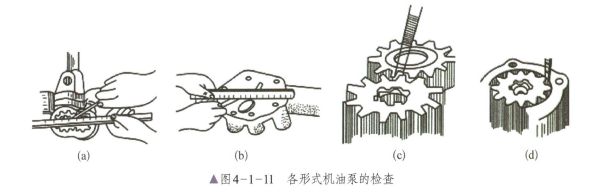

▲图4-1-11 各形式机油泵的检查

（4）用厚薄规测量齿轮啮合间隙，在相邻120°三点上测量间隙值，一般为0.05～0.20 mm，相差不超过0.10 mm，磨损极限为0.25 mm。

练习与检测

一、判断题

（1）机油泵的主要损伤形式是由于零件之间的磨损而造成的泄漏，使泵油压力降低和泵油量减少。（   ）

（2）机油泵的端面间隙、齿顶间隙、齿轮啮合间隙以及轴与轴承间隙的增大，各处密封性和限压阀的调整都将影响泵油量和泵油压力。（   ）

（3）转子式机油泵在工作时，当工作腔容积变小时，机油被吸入；当工作腔容积变大时，机油被压缩，油压升高，随后便从出油口压出。（   ）

（4）使用劣质的机油或机油油量严重不足，会导致机油泵的损坏。（   ）

二、单选题

（1）机油泵的主要损伤形式是（   ）。
　　A. 断裂　　　　　B. 裂纹　　　　　C. 磨损　　　　　D. 腐蚀

（2）以下（   ）不是转子式机油泵的优点。
　　A. 结构紧凑　　　B. 吸油真空度小　　C. 泵油量大　　　D. 成本低

（3）在转子式机油泵中，转子相对控制单元壳体上缘的轴向间隙应不大于（   ）mm。
　　A. 0.020　　　　 B. 0.030　　　　 C. 0.040　　　　 D. 0.058

（4）在转子式机油泵中，检查转子相对控制单元壳体上缘的轴向间隙，可用刀口平尺放在控制单元上缘平面上，用（   ）测量刀口平尺与内、外转子间的间隙。
　　A. 高度尺　　　　B. 游标卡尺　　　　C. 千分尺　　　　D. 厚薄规

（5）若测得机油泵某一尺寸不符合标准，则应（   ）。
　　A. 更换某一部件　B. 更换总成　　　　C. 加工维修　　　D. 以上都不对

三、思考题

有一辆卡罗拉轿车1ZR-FE发动机，试通过查阅该车维修资料，运用已学习和实践的知识和技能，设计并制订该发动机机油泵的检修工艺步骤。

任务2　润滑系统其他零件检修

任务描述

一辆1.6升雪佛兰科鲁兹进厂修理,客户反映车辆停放位置下方有机油油渍,且发现机油灯有时会点亮。经过维修技师的初步检查发现,发动机机油液位过低。将车辆顶起发现油底壳有碰擦痕迹,漏油现象严重,需要对油底壳进行检修,作为一位维修技师如何应用维修手册对发动机润滑系统进行维修?

任务准备

一、知识准备

在汽车润滑系统中,油底壳扮演了非常重要的角色。有着封闭曲轴箱以及防止杂质进入,收集并存储发动机各摩擦表面流回的机油的作用。

1. 油底壳常见损伤形式及成因

目前车辆的油底壳一般是铝合金的,比较脆弱,对工艺要求较高。损伤一般由撞击导致油底壳变形或脆裂、螺丝拧紧力矩过高造成变形脆裂、发动机过热造成变形或融化、由于机油过脏导致集滤器堵塞、发动机过热造成塑料油底壳挡板变形等。

2. 油底壳损伤的危害

若油底壳发生损坏,则容易发生机油泄漏,最终导致机油液面过低,发动机各零部件无法得到良好的润滑,使发动机损坏。

二、器材准备

名　称	图　片	用　途
维修手册		资料查询

任务实施

根据雪佛兰科鲁兹维修手册的要求,发动机油底壳检修工艺过程如下:
(1) 经检查发现发动机底部有机油渗漏的情况。
(2) 如图4-1-12所示,拆下油底壳挡板螺栓①油底壳挡板②。
(3) 如图4-1-12所示,拆下机油泵滤网③。
(4) 如图4-1-12所示,清洁油底壳④。除去所有油泥和机油沉淀物。
(5) 如图4-1-12所示,拆下油底壳放油塞⑤和油底壳放油塞密封件⑥。

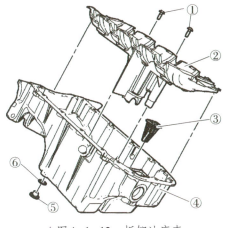

▲图4-1-12 拆卸油底壳

（6）检查油底壳放油塞的螺纹，如图4-1-13、图4-1-14所示。

使用扳手工具将放油塞拧下，更换橡胶密封圈，并对螺纹进行目视检查。若螺纹有明显损坏，则放油螺塞也应更换。安装时应将放油螺塞拧紧至维修手册规定的扭矩。

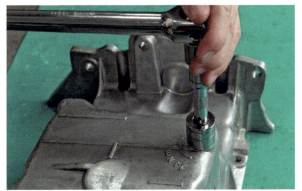

▲图4-1-13 拆卸放油塞

▲图4-1-14 检查放油塞螺纹

小贴士

项　　目	标　准　值
放油塞拧紧扭矩	14 N·m

（7）检查油底壳的油道和变速器安装点附近是否开裂，如图4-1-15、图4-1-16所示。

仔细观察油底壳油道和变速器安装点附近位置，目测检查零件是否完好，若有开裂，则应更换油底壳。

（8）检查油底壳是否因碰撞或飞石而开裂，如图4-1-17所示。

仔细观察油底壳是否完好，若有开裂，则应更换油底壳。

▲图4-1-15 检查变速器安装点

▲图4-1-16 检查油底壳油道

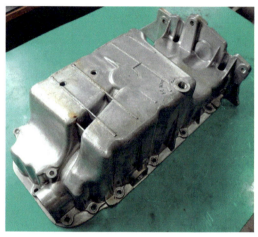
▲图4-1-17 检查油底壳是否开裂

▲图4-1-18 检查油底壳挡板

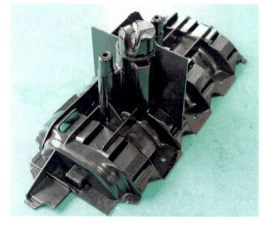
图4-1-19 检查油底壳挡板

▲图4-1-20 检查机油泵滤网

（9）检查油底壳挡板和机油泵滤网，如图4-1-18、图4-1-19、图4-1-20所示。

仔细观察油底壳挡板和机油泵滤网，目视检查零件是否完好，若有开裂或破损，则应更换相应零件。

（10）必要时，修理或更换油底壳。

(11) 根据测量结果完成以下工单。

姓　名		班　级		学　号		小　组	
车　型		发动机型号		工单号		日　期	
检测项目				判断结果			
检查油底壳放油塞的螺纹				合格（　）		不合格（　）	
检查油底壳的油道和变速器安装点附近是否开裂				合格（　）		不合格（　）	
检查油底壳是否因碰撞或飞石而开裂				合格（　）		不合格（　）	
检查油底壳挡板和机油泵滤网				合格（　）		不合格（　）	
处理情况							
制定修复工艺							

拓展学习

一、机油滤清器的检修

1. 集滤器的维护
集滤器的损坏形式有油管和滤网堵塞，应用柴油或煤油清洗后用压缩空气吹干。

2. 全流式机油滤清器的维护
全流式机油滤清器应根据汽车生产厂家的要求定期更换，一般为汽车每行驶 5 000～12 000 km。可分解式机油滤清器在维护时应拆洗壳体，更换滤芯，检查各密封圈。

3. 离心式细滤器的检修
在发动机机油压力高于 0.15 MPa 时，运转 10 s 以上，在熄火后的 2～3 min 内，若在发动机旁听不到细滤器转子转动的"嗡、嗡"声，则说明细滤器不工作，应清洗转子并疏通喷嘴。

二、润滑油道的清理

发动机大修时，应彻底清除汽缸体、汽缸盖、曲轴和凸轮轴等各部润滑油道里的泥沙、磨屑、杂质与润滑油胶质等，以使洁净的润滑油不受污损，畅通地流向各运动副的工作表面。

清理油道时，可用专用容器盛上 10% 的苛性钠溶液，将油道各堵头拆除，浸泡在溶液中，加热到 100 ℃，一般 0.5 h 便可清除干净，再用压力油冲洗，最后用压缩空气吹净吹干。

也可用手工方法清洗，选用煤油或金属清洗剂，用直径 4 mm 左右约 800 mm 长的铁丝，长孔内穿上布条捅入油道内，来回抽动摩擦油道，反复清洗并更换布条，直到布条上无明显脏物为止。再用压力油冲洗干净，最后用压缩空气吹干。

练习与检测

一、判断题

（1）润滑油道堵塞，需清洗润滑油道。（　　）

（2）集滤器的损坏形式有油管和滤网堵塞，应用柴油或煤油清洗后用压缩空气吹干。（　　）

（3）发动机大修时，应彻底清除气缸体、气缸盖、曲轴和凸轮轴等各部润滑油道里的泥沙、磨屑、杂质与润滑油胶质等，以使洁净的润滑油不受污损，畅通地流向各运动副的工作表面。（　　）

（4）滤清器的滤清能力越强，机油的流动阻力越小。（　　）

二、单选题

（1）清理油道时，可用专用容器盛上（　　），将油道各堵头拆除，浸泡在溶液中，加热到100℃，一般0.5 h便可清除干净，再用压力油冲洗，最后用压缩空气吹净吹干。
　　A. 柴油　　　　　　　　　　　　B. 10%的苛性钠溶液
　　C. 机油　　　　　　　　　　　　D. 煤油

（2）以下（　　）不是油底壳的作用。
　　A. 封闭曲轴箱　　　　　　　　　B. 防止杂质进入机油
　　C. 存储机油　　　　　　　　　　D. 过滤机油

（3）以下（　　）不是雪佛兰科鲁兹LDE发动机油底壳的组成部分。
　　A. 机油泵滤网　　B. 放油塞　　C. 机油滤清器　　D. 油底壳挡板

（4）湿式油底壳的润滑方式是（　　）。
　　A. 飞溅润滑　　B. 润滑脂润滑　　C. 滴油润滑　　D. 以上都不是

（5）更换滑油塞和垫片之后，应将放油塞拧紧至（　　）N·m。
　　A. 10　　　　B. 14　　　　C. 18　　　　D. 22

三、思考题

有一辆卡罗拉轿车1ZR-FE发动机，试通过查阅该车维修资料，运用已学习和实践的知识和技能，设计并制订该发动机油底壳的检修工艺步骤。

项目五 传动系统检修

项目导学

传动系统的作用是将发动机的动力准确、可靠地传输至驱动轮。

(1) 减速增扭：发动机输出的功率是转速与扭矩的乘积。实验证明发动机输出的高转速，其扭矩远不足以驱动汽车行驶。所以汽车上要安装变速器、主减速器通过降低速度使发动机输出的扭矩增大。以桑塔纳发动机为例，实验证明，如果汽车上没有安装变速器与主减速器，在发动机处于额定转速时，驱动轮应使汽车以 600 m/h 的速度行驶。事实上，此时的扭矩根本无法驱动汽车。只有通过传动系统，降速增扭，汽车才能行驶。

(2) 适应操控要求：发动机飞轮输出的转速通常稳定在很小的范围内。汽车行驶中由于路况的变化，要求汽车在某一范围内能随之变速，使汽车速度可增、可减、可前、可后，并可在发动机运转时切断动力。

(3) 适应转向需要：为防止二驱动轮在转弯时因轮速不变而造成轮胎磨损加剧及转向不灵活，传动系在动力传至驱动轮时，采用了半轴与差速器，以使两侧驱动轮能以不同速度转动。两驱动轮因此能始终处于滚动状态。

(4) 适应路况：车行路面的凹凸不平使车架与车轮的相对位置不断变化。传动系要适应变速器与驱动轮间相对长度与角度的变化，可靠传递动力。

传动系统的类型主要有机械传动系和液力传动系。

机械传动系的动力传递路线：飞轮－离合器－变速器－传动轴－主减速器－差速器－半轴－后驱动轮，如图5-0-1所示。

▲图5-0-1 机械传动系的组成

液力传动系组成:飞轮-液力变矩器-自动变速器-主减速器-差速器-半轴-驱动轮,如图5-0-2所示。

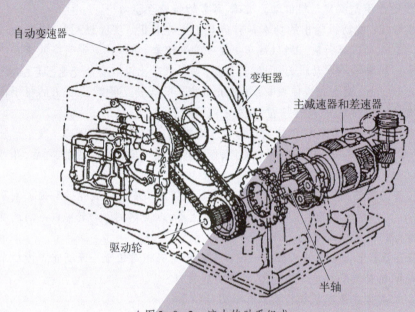

▲图5-0-2 液力传动系组成

本项目主要通过分析传动系统的损伤形式和成因,能正确使用工、量具,按规范检测传动系各零件。

本项目的主要任务如图5-0-3所示:

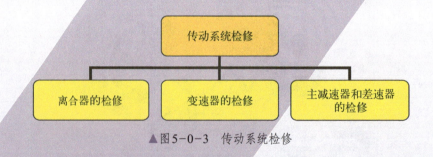

▲图5-0-3 传动系统检修

模块一 离合器检修

学习目标

- 能正确使用量具进行离合器总成的检查。
- 能正确使用量具进行离合器操纵机构的检查。

学习导入

离合器安装在发动机与变速器之间,用来分离或接合前后两者之间动力。其功用为:
(1) 结合动力,使汽车能从静止状态平稳起步。
(2) 汽车在各种工况中,离合器都能有效地将发动机的动力传至变速器。
(3) 彻底断开发动机传至变速器的动力,以配合换挡及实现停车。
(4) 当驱动轮阻力过大时,离合器通过打滑,实现传动系统的过载保护。
经企业的调研,离合器常见的损伤主要有:离合器的打滑、分离不清。

任务1 离合器总成检修

任务描述

某客户反映驾驶车辆时,踏板踩至地板时,换挡杆不能自由移入和移出倒挡位,经4S店技术员初步判断可能是离合器总成损坏,需要进行离合器总成检修。

任务准备

一、知识准备

离合器由主动部分、从动部分、压紧装置、操纵机构四部分组成。

主动部分由离合器壳、带有膜片弹簧的压盘、飞轮等组成,如图5-1-1所示。离合器壳固定于发动机飞轮上。离合器壳与压盘之间用传动片连接,只要飞轮转动,主动部分就与之同步转动。

从动部分由从动盘和变速器输入轴组成。从动盘由两侧铆接的两块摩擦片、从动盘本体、

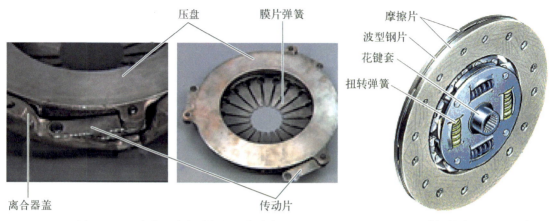

▲图5-1-1 离合器的主动部分及传动片　　▲图5-1-2 带扭转减振器的从动盘

波形弹簧片及扭转减振器等构成。输入轴的花键装在从动盘中心的花键孔内。只要从动盘转动,变速器输入轴就随之转动(如图5-1-2所示)。

从动盘可分为不带扭转减振器和带扭转减振器两种类型。

目前轿车上采用的全部是带扭转减振器的从动盘(如图5-1-2所示),以避免传动系的共振,缓和换挡冲击,使汽车平稳起步。

二、器材准备

名　称	图　片	用　途	名　称	图　片	用　途
雪佛兰科鲁兹维修手册	雪佛兰全套维修资料	查阅维修资料	游标卡尺		检查离合器摩擦片的磨损
刀口尺、塞尺		检查离合器压盘平面度	百分表和磁性表座		飞轮端面跳动量的检查
直尺		检查离合器压盘厚度			

任务实施

一、离合器压盘的检查

(1) 压盘若出现翘曲、破裂或过度磨损，应及时更换。

(2) 在离合器压盘上做四个测量记号，如图5-1-3所示。检查方法是用刀口尺压在压盘上，然后用塞尺测量离合器压盘平面度不应超过0.2 mm，如图5-1-4所示。

(3) 测量离合器压盘的厚度，1.6升（LDE发动机）发动机所使用的离合器厚度不小于8.4 mm，如图5-1-5所示。

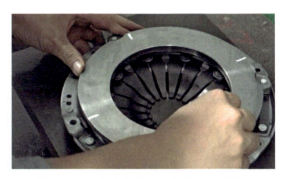

▲图5-1-3 在离合器压盘上做四个测量记号

▲图5-1-4 测量离合器压盘平面度

▲图5-1-5 测量离合器压盘的厚度

二、离合器摩擦片的检查

(1) 目视检查，看从动盘摩擦片是否有裂纹、铆钉外露、减振器弹簧断裂、花键毂磨损严重情况，如果有则更换从动盘。

(2) 检查从动盘的端面圆跳动，如图5-1-6所示。在距从动盘外缘2.5 mm处测量，离合器从动盘最大端面圆跳动为0.4 mm。

(3) 检查从动盘摩擦片的磨损程度。摩擦片的磨损程度可用游标卡尺进行测量。

① 检查摩擦片的厚度，如图5-1-7所示。

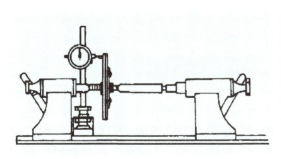

▲图5-1-6 检查从动盘的端面圆跳动

▲图5-1-7 检查摩擦片的厚度

▲图5-1-8 检查铆钉头埋入深度

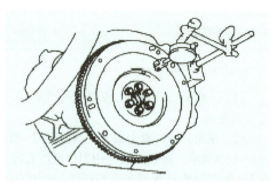
▲图5-1-9 检查飞轮端面跳动量

② 铆钉头埋入深度应不小于0.20 mm,如图5-1-8所示。

三、检查飞轮端面跳动量

如图5-1-9所示,将百分表吸附在发动机机体上,百分表表针抵在飞轮的最外圈,转动飞轮,测量飞轮的端面圆跳动,应小于0.1 mm。如果端面圆跳动超过标准,应修理或更换飞轮。

四、填写检测与维修工单

姓 名		班级		学 号		小 组	
车 型				工单号		日 期	
检测项目		标准值		测量值		判断结果	
离合器压盘平面度		不应超过0.2 mm				合格( )	不合格( )
离合器压盘的厚度		不小于8.4 mm				合格( )	不合格( )
从动盘的端面圆跳动		最大端面圆跳动为0.4 mm				合格( )	不合格( )
摩擦片的厚度		不小于总厚度的40%				合格( )	不合格( )
铆钉头埋入深度		不小于0.20 mm				合格( )	不合格( )
飞轮的端面圆跳动		小于0.1 mm				合格( )	不合格( )
处理情况							
制定修复工艺							

拓展学习

双离合器,如图5-1-10所示。

离合器位于发动机与变速器之间,是发动机与变速器动力传递的"开关",在一般汽车上,汽车换挡时通过离合器分离与接合实现,在分离与接合之间就有动力传递暂时中断的现象。这在普通汽车上没有什么影响,但在争分夺秒的赛车上,如果离合器掌握不好动力跟不上，车速就会变慢，影响成绩。

为了解决这个问题，早在20世纪80年代，汽车工程界就推出了一个双离合系统变速器，简称DSG（英文全称：Direct Shift Gearbox），装配在赛车上，能消除换挡离合时的动力传递停滞现象，如图5-1-10所示。

当汽车正常行驶的时候，一个离合器与变速器中某一挡位相连，将发动机动力传递到驱动轮（图中是1挡正在使用，黄色是传动路线）；电脑根据汽车速度和转速对驾驶者的

▲图5-1-10　双离合器

换挡意图做出判断，预见性地控制另一个离合器与另一个挡位的齿轮组相连，但仅处于准备状态，尚未与发动机动力相连（图中是2挡预备，白色是传动路线）。换挡时第1个离合器断开，同时第2个离合器将所相连的齿轮组与发动机接合。除了空挡之外，一个离合器处于关闭状态，另一个离合器则处于打开状态。

练习与检测

一、判断题

（1）离合器摩擦片不需要进行平面度检查。　　　　　　　　　　　　　　　（　　）
（2）压盘若出现翘曲、破裂或过度磨损，只需要打磨即可。　　　　　　　　　（　　）
（3）LDE发动机离合器压盘的厚度不小于8.4 mm。　　　　　　　　　　　　（　　）
（4）一般使用直尺检查铆钉头埋入深度。　　　　　　　　　　　　　　　　（　　）
（5）飞轮的端面圆跳动量一般小于0.1 mm。　　　　　　　　　　　　　　　（　　）

二、单选题

（1）检查从动盘的端面圆跳动。在距从动盘外缘（　　）处测量，离合器从动盘最大端面圆跳动为0.4 mm。
　　A. 0.1 mm　　　　B. 0.5 mm　　　　C. 1.0 mm　　　　D. 2.5 mm
（2）离合器压盘不需要测量（　　）。
　　A. 厚度　　　　　B. 平面度　　　　C. 直径　　　　　D. 翘曲变形
（3）离合器压盘的厚度的工具是（　　）。
　　A. 游标卡尺　　　B. 外径千分尺　　C. 厚薄规　　　　D. 直尺
（4）离合器摩擦片的厚度的工具是（　　）。
　　A. 游标卡尺　　　B. 内径千分尺　　C. 厚薄规　　　　D. 直尺
（5）铆钉头埋入深度应不小于（　　）mm。
　　A. 0.10　　　　　B. 0.15　　　　　C. 0.20　　　　　D. 0.25

三、思考题

有一辆卡罗拉轿车，试通过查阅该车维修资料，运用已学习和实践的知识和技能，设计并制订离合器检查的工艺。

任务2　离合器操纵机构的检修

任务描述

某客户反映驾驶车辆时,踏板踩至地板时,换挡杆不能自由移入和移出倒挡位,经4S店技术员初步判断可能是离合器主缸损坏,需要进行离合器操纵机构检修。

任务准备

一、知识准备

助力式(液力式)离合器操纵机构,如图5-1-11所示。

助力式(液力式)离合器操纵机构由离合器踏板、主缸、油管、工作缸、分离拉杆、分离叉、分离套筒、分离轴承等机械、液压零部件组成。助力式离合器操纵机构是为了减轻驾驶员的操纵力,液压传动替代拉索。

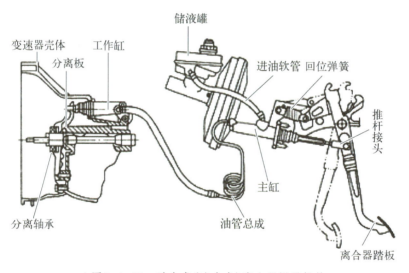

▲图5-1-11　助力式(液力式)离合器操纵机构

二、器材准备

名　称	图　片	用　途	名　称	图　片	用　途
雪佛兰科鲁兹维修手册	CHEVROLET 雪佛兰 全套维修资料	查阅维修资料	刀口尺、塞尺		检查离合器主缸内壁与活塞的间隙

（续表）

名称	图片	用途	名称	图片	用途
直尺		检查离合器自由行程和踏板高度			

任务实施

一、离合器自由行程和踏板高度的调整

松开锁止螺母并转动推杆,调整离合器踏板自由行程,如图5-1-12所示。离合器踏板自由行程应在6～12 mm。松开锁止螺母并转动螺栓,调整离合器踏板行程,如图5-1-13所示。离合器踏板行程应在130～140 mm,如图5-1-14、图5-1-15所示。

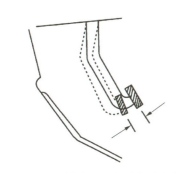

▲图5-1-12 检查离合器踏板自由行程图

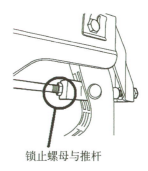

▲图5-1-13 调整离合器踏板自由行程

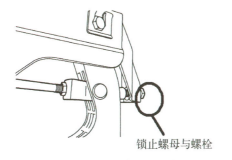

▲图5-1-14 调整离合器踏板行程

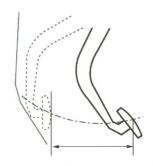

▲图5-1-15 检查离合器踏板行程

二、主缸、工作缸的检查

主缸和工作缸是离合器液压操纵系统的主要部件,其工作性能的好坏直接影响离合器的工作性能。当出现缸筒内壁磨损超过0.125 mm,活塞与缸筒的间隙超过0.20 mm,皮圈老化及回位弹簧失效等情况时,应更换相应零件。

三、填写检测与维修工单

姓　名		班级		学　号		小　组	
车　型				工单号		日　期	
检测项目		标准值		测量值		判断结果	
离合器踏板自由行程		应在6～12 mm				合格（　）	不合格（　）
离合器踏板行程		应在130～140 mm				合格（　）	不合格（　）
出现缸筒内壁磨损		不超过0.125 mm				合格（　）	不合格（　）
活塞与缸筒的间隙		不超过0.20 mm				合格（　）	不合格（　）
处理情况							
制定修复工艺							

拓展学习

离合器踏板位置传感器的作用原理如下：

当换挡时，首先踩离合器脱离动力，传感器立即告诉ECU。ECU判断可能要换挡，即把当前发动机转速、油门踏板位置和喷油量暂时记住并维持。换挡结束，松开离合器回到全联动，传感器又即时通知ECU。ECU立刻监视发动机转速的变化，同时根据油门踏板变化情况。当发现转速降低及其趋势，而油门踏板没有变化或不足，就立即命令加大喷油提速保持或补偿。油门踏板有了变化，随即转入跟踪油门的操作。这一功能令换挡过程顺滑、提速和降速平稳。

练习与检测

一、判断题

（1）离合器自由行程太小会造成离合器打滑。　　　　　　　　　　　　　　（　）
（2）离合器的调整只要调整踏板的高度即可。　　　　　　　　　　　　　　（　）
（3）离合器踏板自由行程应在6～12 mm。　　　　　　　　　　　　　　　（　）
（4）现代汽车离合器操纵机构分离轴承和工作缸是自成一体的。　　　　　　（　）
（5）皮圈老化及回位弹簧失效应该更换新件。　　　　　　　　　　　　　　（　）

二、单选题

（1）转动离合器（　　　），是调整离合器的自由行程。
　　　A. 踏板　　　　　B. 螺栓　　　　　C. 螺母　　　　　D. 推杆
（2）转动离合器（　　　），是调整离合器踏板行程。
　　　A. 踏板　　　　　B. 螺栓　　　　　C. 螺母　　　　　D. 推杆

（3）离合器自由行程和踏板的工具是（　　）。
　　A. 游标卡尺　　　　B. 外径千分尺　　　C. 厚薄规　　　　　D. 直尺
（4）离合器主缸和活塞间隙的工具是（　　）。
　　A. 游标卡尺　　　　B. 内径千分尺　　　C. 厚薄规　　　　　D. 直尺
（5）活塞与缸筒的间隙超过（　　），应该更换新件。
　　A. 0.10　　　　　　B. 0.15　　　　　　C. 0.20　　　　　　D. 0.25

三、思考题

有一辆卡罗拉轿车，试通过查阅该车维修资料，运用已学习和实践的知识和技能，设计并制订离合器操纵机构检查的工艺。

模块二　变速器检修

学习目标

- 能正确使用量具进行变速器壳体和齿轮传动组的检查。
- 能正确使用量具进行变速器操纵机构的检查。

学习导入

变速器的功用主要有以下几方面：

（1）改变传动比。

发动机曲轴的转速与变速器输出轴转速的比值叫变速器的传动比。通过改变传动比，可以满足不同行驶条件对牵引力的需求，还能使发动机在满足行驶速度要求时有较好的经济性。

（2）实现倒车行驶。

汽车发动机曲轴只能向一个方向旋转，在变速器中设置倒挡，可满足汽车倒退行驶的需要。

（3）中断动力传递。

在发动机起动、怠速运转、汽车换挡或需要停车进行动力输出时，都需要利用变速器的空挡，中断向驱动轮的动力传递。

本项目主要通过分析变速器的损伤形式和成因，能正确使用工、量具对变速器和零件进行检修。

本项目的主要任务如图5-2-0：

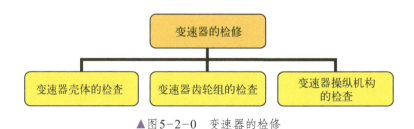

▲图5-2-0　变速器的检修

任务1　变速器壳体与齿轮传动组检修

任务描述

某客户反映驾驶车辆时,发现变速器有异响,并且有漏油现象,经过4S店技术人员认定需要进行变速器壳体和齿轮传动组的检修。

任务准备

一、知识准备

1. 变速器壳体常见的损伤

1）壳体变形

壳体变形主要是变速器壳体与盖结合的平面发生翘曲。

2）壳体裂纹

变速器壳的轴承座孔与轴孔的连接处容易发生裂纹,或壳体断面急剧变化的地方,由于应力集中而往往引起裂纹。

3）螺纹损伤

螺纹损伤一般发生在螺纹口处较多。

4）轴承座孔磨损

变速器壳体上轴承座孔磨损会破坏壳体与轴承的配合关系,使齿轮轴线偏移,破坏正常的齿轮啮合。

2. 变速器齿轮的主要损伤形式

齿轮损伤主要有齿面磨损、端齿磨损、疲劳剥落、腐蚀斑点、齿轮破碎等。

3. 变速器齿轮轴的主要损伤形式

齿轮轴损伤主要有轴颈、花键齿的磨损,轴的弯曲,轴的破裂等。

4. 变速器轴承的损坏常见形式

轴承损坏主要有磨损、损伤卡死、轴承穴蚀、疲劳点蚀、腐蚀和烧灼等。

5. 同步器的主要损伤形式

同步器损伤主要有锁环内锥面螺纹槽、滑块的磨损；锁环花键齿圈的损坏等。

二、器材准备

名　称	图　片	用　途	名　称	图　片	用　途
雪佛兰科鲁兹维修手册		查阅维修资料	刀口尺、塞尺		检查变速器壳体平面度

（续表）

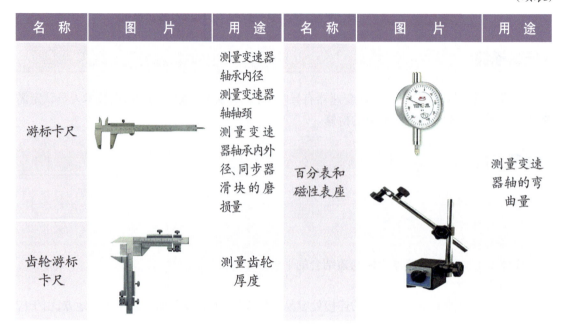

名 称	图 片	用 途	名 称	图 片	用 途
游标卡尺		测量变速器轴承内径 测量变速器轴轴颈 测量变速器轴承内外径、同步器滑块的磨损量	百分表和磁性表座		测量变速器轴的弯曲量
齿轮游标卡尺		测量齿轮厚度			

任务实施

一、变速器壳体的检查

（1）变速器壳体平面度的检查，如图 5-2-1 所示。

检查方法是用刀口尺压在变速器安装面上，然后用塞尺测量。变速器壳体平面度不应超过 0.2 mm。

（2）变速器壳体裂纹的检查。

先将变速器壳体浸入煤油（或柴油）中片刻，如图 5-2-2 所示。取出后将表面擦干，如图 5-2-3 所示。撒上一层白粉，如图 5-2-4 所示。然后用小锤轻敲其非工作面，如图 5-2-5 所示。如有裂纹，由于振动，浸入裂纹的油溅出，使裂纹处的白粉呈黄色线痕。根据线痕即可判定裂纹位置。

▲图 5-2-1 变速器壳体平面度的检查

▲图 5-2-2 变速器壳体浸入煤油

▲图5-2-3 表面擦干

▲图5-2-4 撒上一层白粉

▲图5-2-5 用小锤轻敲其非工作面

▲图5-2-6 检查变速器壳体轴承座孔磨损

（3）检查变速器壳体轴承座孔磨损，如图5-2-6所示。

清洁变速器轴承座孔，用游标卡尺检查变速器壳体的轴承座孔磨损。

二、齿轮的检查

1. 齿轮厚度的检查

（1）用齿轮游标尺测量齿厚偏差，是以齿顶圆为基础。当齿顶圆直径为公称值时，直齿圆柱齿轮分度圆处的弦齿高f_h和弦齿厚f_s由图5-2-7可得：

$$f_h = m + m \cdot z/2 [1 - \cos(90°/z)]$$
$$f_s = m \cdot z \cdot \sin(90°/z)$$

（2）将齿轮游标尺置于被测齿轮上，使垂直游标尺的高度尺与齿顶相接触。然后，移动水平游标尺的卡脚，使卡脚靠紧齿廓。从水平游标尺上读出弦齿厚的实际尺寸，如图5-2-7所示。并与弦齿厚f_s进行对比。

2. 齿轮啮合间隙的检查

测量时，将铅丝放置在小齿轮上，一般在齿宽方向两端各放置一根，对齿宽较大者可酌情放3～4根，如图5-2-8所示。铅丝直径

▲图5-2-7 读出弦齿厚的实际尺寸

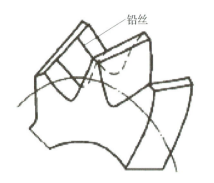

▲图5-2-8 铅丝放置在小齿轮上

一般不超过齿轮间隙的四倍,铅丝的端部要放齐,使其能同时进入啮合的两齿之间。在放好铅丝后,均匀地转动齿轮,是铅丝受到碾压,压扁后的铅丝用千分尺或游标卡尺测量其厚度,最厚部分的数值为齿顶间隙,相邻两较薄部分的数值之和为侧隙。

三、齿轮轴的检修

1. 检查齿轮轴轴颈

用游标卡尺检查齿轮轴轴颈的直径(如图5-2-9所示),滚子轴承所在过盈配合处轴颈磨损不大于0.02 mm,滚针轴承配合处轴颈磨损不大于0.07 mm。

2. 齿轮轴弯曲的检查

(1) 用顶针顶住变速器轴两端的顶针孔,如图5-2-10所示。安装百分表,如图5-2-11所示。

(2) 做好记号,如图5-2-12所示。转动一周,检查轴的径向跳动,如图5-2-13所示。其偏差应小于0.10 mm,超过应进行压力校正修复。

▲图5-2-9 检查齿轮轴轴颈

▲图5-2-10 用顶针顶住变速器轴两端的顶针孔

▲图5-2-11 安装百分表

▲图5-2-12 做好记号

▲图5-2-13 检查轴的径向跳动

四、变速器轴承的检查

（1）目视检查轴承是否有穴蚀、疲劳点蚀、腐蚀和烧灼情况，如图5-2-14所示。

（2）用手转动轴承是否有转动灵活，是否有卡滞现象。

（3）用游标卡尺测量变速器轴承的内、外径，检查其磨损情况，如图5-2-15、图5-2-16所示。

▲图5-2-14　目视检查轴承

▲图5-2-15　测量变速器轴承的内径

▲图5-2-16　测量变速器轴承的外径

五、变速器同步器的检查

（1）用游标卡尺测量变速器同步器滑块的磨损情况，如图5-2-17所示。检查滑块在滑块槽内是否活动自如，并检查滑块与同步器毂的间隙。

将滑块放在与之相配的同步器毂的槽，如图5-2-18所示。用厚薄规测量滑块与同步器毂槽侧面的间隙，如图5-2-19所示。使用极限为0.25 mm，如超过极限应更换滑块。

▲图5-2-17　测量变速器同步器滑块的磨损

▲图5-2-18　将滑块放在与之相配的同步器毂的槽

▲图5-2-19　测量滑块与同步器毂槽侧面的间隙

（2）在锁环内锥面螺纹槽上涂上红丹油，如图5-2-20所示。转动同步器齿环，检查其结合面积是否大于80%，如图5-2-21所示。

（3）目视检查锁环花键齿圈的磨损情况，图5-2-22所示。检查与齿轮端面的间隙，使用极限为0.5 mm。超过极限应更换，如图5-2-23所示。

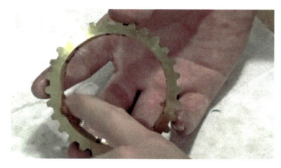

▲图5-2-20　锁环内锥面螺纹槽上涂上红丹油

▲图5-2-21　转动同步器齿环

▲图5-2-22　目视检查锁环花键齿圈的磨损情况

▲图5-2-23　检查与齿轮端面的间隙

六、填写检测与维修工单

姓　名		班级		学　号		小　组	
车　型				工单号		日　期	

检测项目	标准值	测量值	判断结果	
变速器壳体平面度	不应超过0.2 mm		合格（　　）	不合格（　　）
滚子轴承所在过盈配合处轴颈磨损	不大于0.02 mm		合格（　　）	不合格（　　）
滚针轴承配合处轴颈磨损	不大于0.07 mm		合格（　　）	不合格（　　）
轴的径向跳动	小于0.10 mm		合格（　　）	不合格（　　）
滑块与同步器毂槽侧面的间隙	极限为0.25 mm		合格（　　）	不合格（　　）
锁环内锥面螺纹槽结合面积	大于80%		合格（　　）	不合格（　　）
锁环花键齿圈的磨损	使用极限为0.5 mm		合格（　　）	不合格（　　）
处理情况				
制定修复工艺				

拓展学习

半自动变速器是介于手动与自动之间的一种新型变速器,它的挡位设置类似于手动变速器,但不同于手动变速器传统的"H"形挡位结构,其换挡手柄只能前后移动进行升挡或降挡(以"+"和"−"表示),或是通过方向盘后方的换挡手柄实现升挡和降挡。半自动变速器挡位设置保留了自动变速器的N挡(空挡)和R挡(倒车挡),在驾驶时有自动模式(A挡)和手动模式(M或S挡)可供选择,两种模式在使用时可以自由切换。使用手动模式起步时,如果不拨动换挡手柄升挡,即使油门踩到底变速器也不会自动升挡,这也是与手/自动一体式变速器操作上最大的区别。

练习与检测

一、判断题

(1) 通常使用浸油敲击法和磁力探伤法。( )
(2) 检查轴的径向跳动,其偏差应小于0.10 mm,如超过应进行压力校正修复。( )
(3) 目视检查轴承是否有穴蚀、疲劳点蚀、腐蚀和烧灼情况,只要用砂皮纸打磨即可。( )
(4) 用直尺测量变速器同步器滑块的磨损。( )
(5) 用百分表检查变速器壳体的轴承座孔磨损情况。( )

二、单选题

(1) 变速器壳体平面度的检查方法是用刀口尺压在变速器安装面上,然后用塞尺测量。变速器壳体平面度不应超过( )mm。
  A. 0.01　　　B. 0.05　　　C. 0.10　　　D. 0.20
(2) 变速器壳体裂纹的检查先将变速器壳体浸入煤油(或柴油)中片刻,取出后将表面擦干,撒上一层白粉,然后用小锤轻敲其非工作面,如有裂纹,由于振动,浸入裂纹的油溅出,使裂纹处的白粉呈( )线痕。根据线痕即可判定裂纹位置。
  A. 黑色　　　B. 红色　　　C. 黄色　　　D. 蓝色
(3) 齿轮轴弯曲的检查,做好记号,用顶针顶住变速器轴两端的顶针孔,使用( )。转动一周,检查轴的径向跳动,其偏差应小于0.10 mm.超过应进行压力校正修复。
  A. 游标卡尺　　B. 外径千分尺　　C. 百分表　　D. 直尺
(4) 轴的径向跳动量最大不大于( )mm。
  A. 0.10　　　B. 0.15　　　C. 0.20　　　D. 0.3
(5) 目测检查锁环花键齿圈的磨损情况,并检查与齿轮端面的间隙,使用极限为( )mm。超过极限应更换同种配件。
  A. 0.10　　　B. 0.15　　　C. 0.20　　　D. 0.5

三、思考题

有一辆卡罗拉轿车,试通过查阅该车维修资料,运用已学习和实践的知识和技能,设计并制订变速器齿轮传动组检查的工艺。

任务2　变速器操纵机构检修

任务描述

某客户反映驾驶车辆时，发现挂挡困难，经过4S店技术人员认定需要进行变速器操纵机构的检修。

任务准备

一、知识准备

1. 变速器操纵机构的结构

变速器操纵机构有直接操纵式和间接操纵式两种（见图5-2-24）。

间接操纵机构主要由远距离操纵机构和内换挡机构两部分组成。科鲁兹五挡变速器采用的就是这种操纵机构，如图5-2-25所示。

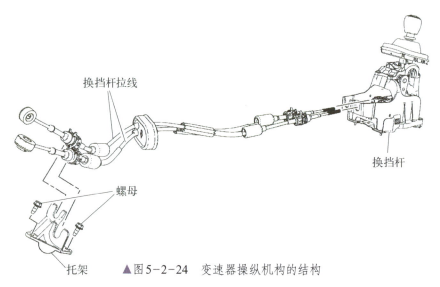

▲图5-2-24　变速器操纵机构的结构

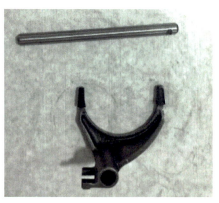

▲图5-2-25　科鲁兹五挡变速器操纵机构

2. 变速器操纵机构的损伤形式

（1）变速器拨叉的损伤是拨叉的弯曲、扭曲、磨损等。

（2）变速器拨叉轴的损伤是弯曲和磨损。

二、器材准备

名 称	图 片	用 途	名 称	图 片	用 途
雪佛兰科鲁兹维修手册		查阅维修资料	百分表和磁性表座		测量拨叉轴弯曲量
游标卡尺		测量拨叉和拨叉轴的磨损	厚薄规		测量拨叉的弯曲

任务实施

一、变速器拨叉的检查

（1）用游标卡尺测量变速器拨叉前端的厚度，如图5-2-26所示。

（2）将变速器拨叉放在平板上，用厚薄规测量变速器拨叉的弯曲量和扭曲量，如图5-2-27所示。

▲图5-2-26 测量变速器拨叉前端的厚度

▲图5-2-27 测量变速器拨叉的弯曲量和扭曲量

二、变速器拨叉轴的检查

(1) 放置V形块,将拨叉放置在V形块上,安装百分表及百分表表座,做好记号,检查轴的径向跳动,其偏差应小于0.10 mm,超过应进行压力校正修复,如图5-2-28至图5-2-32所示。

(2) 用游标卡尺测量变速器拨叉轴的直径,检查变速器拨叉轴的磨损量,如图5-2-33所示。

▲图5-2-28 放置V形块

▲图5-2-29 拨叉放置在V形块上

▲图5-2-30 安装百分表及百分表表座

▲图5-2-31 做好记号

▲图5-2-32 检查轴的径向跳动

▲图5-2-33 检查变速器拨叉轴的磨损量

三、填写检测与维修工单

姓　名		班　级		学　号		小　组	
车　型				工单号		日　期	
检 测 项 目				判 断 结 果			
变速器拨叉前端的厚度				合格（　）		不合格（　）	
变速器拨叉的弯曲量和扭曲量				合格（　）		不合格（　）	
轴的径向跳动量				合格（　）		不合格（　）	
变速器拨叉轴的磨损量				合格（　）		不合格（　）	
处理情况							
制定修复工艺							

拓展学习

自动变速器的电控式操纵系统由以下机构组成（见图5-2-34）：

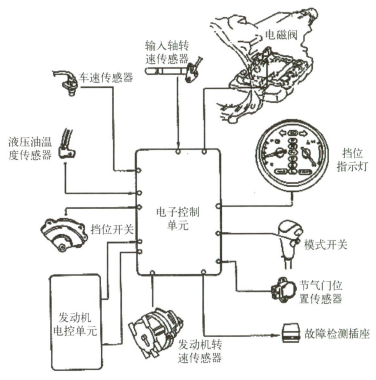

▲图5-2-34　电子控制系统的组成框图

（1）电子控制单元（ECU）：电子控制单元（ECU）根据传感器传来的电信号，即车速和发动机负荷等参数转变的电信号，按照设定的换挡程序对这些信号进行比较计算，作出是否需要换挡的判断。当需要换挡时，通过电磁阀操纵液压的换挡阀去控制执行装置的油路，实现换挡。

（2）传感器：包括节气门位置传感器、车速传感器、输入轴转速传感器、液压油温度传感器、挡位开关、发动机转速传感器、模式开关。

（3）执行器：各类电磁阀。

练习与检测

一、判断题

(1) 变速器拨叉的损伤是拨叉的弯曲、扭曲、磨损等。（　）
(2) 变速器拨叉轴的损伤是弯曲和磨损。（　）
(3) 用直尺测量变速器拨叉轴的直径，检查变速器拨叉轴的磨损量。（　）
(4) 将变速器拨叉放在平板上，用直尺测量变速器拨叉的弯曲量和扭曲量。（　）
(5) 放置V形块，将拨叉放置在V形块上，安装百分表及百分表表座，做好记号，检查轴的径向跳动，其偏差应小于0.50 mm，超过应进行压力校正修复。（　）

二、单选题

(1) 用（　　）测量变速器拨叉轴的直径，检查变速器拨叉轴的磨损量。
　　A. 游标卡尺　　B. 内径千分尺　　C. 直尺　　D. 百分表
(2) 变速器拨叉的损伤是拨叉的（　　）等。
　　A. 磨损　　B. 弯曲　　C. 扭曲　　D. 窜动
(3) 下列是变速器拨叉轴的损伤是（　　）。
　　A. 扭曲　　B. 磨损　　C. 窜动　　D. 裂纹
(4) 变速器拨叉轴的径向跳动量最大不大于（　　）mm。
　　A. 0.10　　B. 0.15　　C. 0.20　　D. 0.3
(5) 使用（　　）测量变速器拨叉轴的跳动量。
　　A. 游标卡尺　　B. 内径千分尺　　C. 直尺　　D. 百分表

三、思考题

有一辆卡罗拉轿车，试通过查阅该车维修资料，运用已学习和实践的知识和技能，设计并制订变速器操纵机构检查的工艺。

模块三　主减速器和差速器的检修

学习目标

- 能正确使用量具进行主减速器和差速器壳体的检查。
- 能正确使用量具进行主减速器齿轮和齿轮轴的检查。

学习导入

主减速器和差速器的功用如下：

（1）主减速器的主要作用是将变速器输出的动力进一步降低转速，增大转矩，至差速器再传递给驱动轮，以获得足够的汽车牵引和适当的车速。对于纵向布置的发动机，在减速的同时还改变了旋转方向，再将动力传递给差速器。

（2）汽车驱动桥的两驱动车轮用一根整轴连接，两车轮只能以相同的转速旋转，当汽车转弯时，由于外侧车轮比内侧车轮运行距离长，此时，两轮都会出现边滚动边滑移。同样，汽车在不平路面上直线行驶时，两侧车轮通过的实际距离也不相等，也会造成滑转和滑移现象。为了避免因此而造成的轮胎超常磨损，汽车左右两侧的驱动车轮分装在两根半轴上，并在两半轴之间装以差速器。

本项目主要通过分析主减速器和差速器的损伤形式和成因，能正确使用工、量具，按规范检修主减速器和差速器。

本项目的主要任务，如图5-3-0所示。

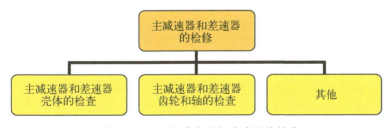

▲图5-3-0　主减速器与差速器的检修

任务1　主减速器和差速器壳体的检修

任务描述

某客户反映驾驶车辆时,发现主减速器和差速器有异响,并且有漏油现象,经过4S店技术人员认定需要进行主减速器和差速器壳体的检修。

任务准备

一、知识准备

主减速器和差速器常见的损伤有以下三方面。

1. 主减速器和差速器壳体变形

主减速器和差速器壳体变形主要是变速器壳体与盖结合的平面发生翘曲。

2. 主减速器和差速器壳体裂纹

主减速器和差速器壳的轴承座孔容易发生裂纹。

3. 主减速器和差速器轴承座孔磨损

主减速器和差速器壳体上轴承座孔磨损会破坏壳体与轴承的配合关系,使齿轮轴线偏移,破坏正常的齿轮啮合。

二、器材准备

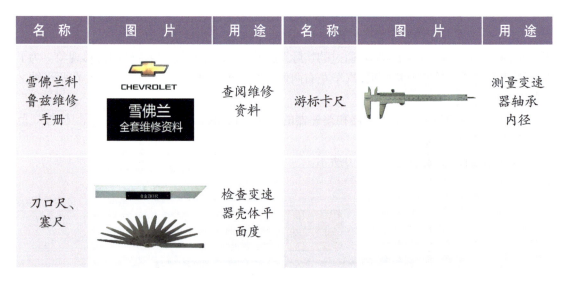

名　称	图　片	用　途	名　称	图　片	用　途
雪佛兰科鲁兹维修手册		查阅维修资料	游标卡尺		测量变速器轴承内径
刀口尺、塞尺		检查变速器壳体平面度			

任务实施

(1) 检查主减速器和差速器壳体平面度。

检查方法是用刀口尺压在主减速器和差速器安装面上,然后用塞尺测量。主减速器和差速器壳体平面度不应超过0.2 mm,如图5-3-1所示。

(2)检查主减速器和差速器壳体裂纹。

先将主减速器和差速器壳体浸入废机油(或柴油)中片刻,图5-3-2所示。取出后将表面擦干,如图5-3-3所示。撒上一层白粉,如图5-3-4所示。然后用小锤轻敲其非工作面,如图5-3-5所示。如有裂纹,由于振动,浸入裂纹的油溅出,使裂纹处的白粉呈黄色线痕。根据线痕即可判定裂纹位置。

(3)检查主减速器和差速器壳体轴承座孔磨损。

清洁主减速器和差速器轴承座孔,用游标卡尺检查主减速器和差速器壳体的轴承座孔,如图5-3-6所示。

▲图5-3-1 检查主减速器和差速器壳体平面度

▲图5-3-2 浸入废机油

▲图5-3-3 表面擦干

▲图5-3-4 撒上一层白粉

▲图5-3-5 用小锤轻敲其非工作面

▲图5-3-6 检查主减速器和差速器壳体轴承座孔磨损

(4) 填写检测与维修工单。

姓　名		班　级		学　号		小　组	
车　型				工单号		日　期	
检测项目				判断结果			
主减速器和差速器壳体平面度				合格（　）		不合格（　）	
主减速器和差速器壳体裂纹				合格（　）		不合格（　）	
减速器和差速器壳体轴承座孔磨损				合格（　）		不合格（　）	
处理情况							
制订修复工艺							

拓展学习

超声波检测采用高频率、高定向声波来测量材料的厚度、发现隐藏的内部裂纹，分析诸如金属、塑料、复合材料、陶瓷、橡胶以及玻璃等材料的特性。超声波仪器使用人耳听力极限之外的频率，向被检测材料内发射短脉冲声能，而后仪器监测和分析经过反射或透射的声波信号来获取检测结果。

超声导波方法可细分为接触式检测方法、非接触式检测方法，其作用机理为当超声入射至被测工件时，产生反射波，根据反射波的时间及形状来判断工件的裂纹。这种检测方法有时会产生盲区，发生阻塞现象，不能发现近距离裂纹。它常用于管道内壁的裂纹检测，能较为精确地判断出裂纹位置、周向开口裂纹长度、管壁减薄程度及裂纹截面积。

练习与检测

一、判断题

(1) 主减速器和差速器壳的轴承座孔容易发生裂纹。　　　　　　　　　　　　（　）
(2) 主减速器和差速器壳体平面度不应超过0.3 mm。　　　　　　　　　　　　（　）
(3) 主减速器和差速器壳体上轴承座孔磨损会破坏壳体与轴承的配合关系，使齿轮轴线偏移，破坏正常的齿轮啮合。　　　　　　　　　　　　　　　　　　　（　）
(4) 清洁主减速器和差速器轴承座孔，用直尺检查主减速器和差速器壳体的轴承座孔。　　　　　　　　　　　　　　　　　　　　　　　　　　　　　　　（　）
(5) 主减速器和差速器壳体常用浸油敲击法检查裂纹。　　　　　　　　　　　（　）

二、单选题

(1) 清洁主减速器和差速器轴承座孔，用（　　）检查主减速器和差速器壳体的轴承座孔。
　　A．游标卡尺　　　　B．内径千分尺　　　　C．直尺　　　　D．百分表

(2) 下列不是主减速器和差速器壳体的损伤是（　　）。
　　A. 磨损　　　　　　B. 弯曲　　　　　　C. 扭曲　　　　　　D. 窜动
(3) 主减速器和差速器壳的轴承座孔容易发生（　　）。
　　A. 扭曲　　　　　　B. 磨损　　　　　　C. 窜动　　　　　　D. 裂纹
(4) 主减速器和差速器壳体平面度不应超过（　　）mm。
　　A. 0.10　　　　　　B. 0.15　　　　　　C. 0.20　　　　　　D. 0.3
(5) 下列叙述主减速器和差速器壳体裂纹检查正确的是（　　）。
　　A. 检查时不需要将壳体全部浸入　　　　B. 取出时不需要擦干
　　C. 白粉要均匀撒在壳体上　　　　　　　D. 用铁锤进行敲击

三、思考题

有一辆卡罗拉轿车，试通过查阅该车维修资料，运用已学习和实践的知识和技能，设计并制订主减速器和差速器壳体检查的工艺。

任务2　主减速器和差速器齿轮和齿轮轴的检修

任务描述

某客户反映驾驶车辆时，发现主减速器和差速器有异响，经过4S店技术人员认定需要进行主减速器和差速器齿轮和齿轮轴的检修。

任务准备

一、知识准备

(1) 主减速器和差速器齿轮的主要损伤形式有齿面磨损、端齿磨损、疲劳剥落、腐蚀斑点、齿轮破碎等。

(2) 差速器齿轮轴的主要损伤形式有轴颈、花键齿的磨损，轴的弯曲，轴的破裂等。

二、器材准备

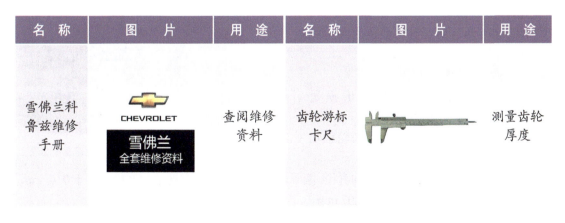

名　称	图　片	用　途	名　称	图　片	用　途
雪佛兰科鲁兹维修手册	CHEVROLET 雪佛兰 全套维修资料	查阅维修资料	齿轮游标卡尺		测量齿轮厚度

练习与检测

一、判断题

（1）科鲁兹的鼓式制动器调整不当直接影响到驻车制动。（   ）

（2）由于制动粉尘有污染，所以在测量制动蹄的厚度是无需清洁。（   ）

（3）当拉动驻车制动或使用脚制动时，自动间隙调整装置会通过调整杆自动调整。制动鼓与制动蹄片之间的间隙。（   ）

二、选择题

（1）驻车制动器常见的故障有（   ）。
  A. 驻车制动器失灵　　　　　　　　B. 驻车制动杆行程不对
  C. 驻车制动拉索坏　　　　　　　　D. 以上都是

（2）关于制动蹄调整，甲技师认为："调整时驻车制动必须处于结合状态"；乙技师认为："更换新的制动蹄之后无需进行调整"（   ）。
  A. 甲对　　　　B. 乙对　　　　C. 甲乙都对　　　　D. 甲乙都不对

（3）驻车制动器的检查包括（   ）。
  A. 驻车制动器性能检查　　　　　　B. 驻车制动杆行程检查
  C. 驻车制动器工作灯检查　　　　　D. 以上都是

三、思考题

有一辆卡罗拉轿车1ZR-FE发动机，试通过查阅该车维修资料，运用已学习和实践的知识和技能，设计并制订该驻车制动器的检修工艺步骤。